Survivalisme

Effondrement

&

Collaps

Table des matières

1-Introduction

Il était une époque toute récente où la sécurité et la stabilité semblaient inébranlables et impossibles à remettre en cause. L'humain s'est développé depuis sa présence sur terre et sa survie avec. On ne meurt plus d'épidémies comme au moyen âge ou pour une simple grippe. Les gens vivent leur vie confortablement, en ignorant les menaces potentielles qui pouvaient surgir à tout moment, le danger semble lointain. Mais un jour, le monde changera. Les catastrophes naturelles, les conflits, les pandémies et les changements climatiques ont commencé à se multiplier à une vitesse vertigineuse, mettant en évidence la fragilité de notre société moderne et à mettre en péril l'espèce humaine et la vie telle qu'on l'a connue.

C'est dans ce contexte de doute et de vulnérabilité que le survivalisme est devenu un mouvement de plus en plus populaire. Les gens ont commencé à se rendre compte qu'ils devaient être préparés à faire face à toutes sortes de situations d'urgence et de crises. Ils ont commencé à se former aux compétences nécessaires pour survivre dans des conditions difficiles, à stocker des aliments et des fournitures, à construire des abris, à apprendre à se défendre et à gérer les ressources.

Ce livre ne se contente pas uniquement de donner des conseils pratiques et des astuces pour survivre dans des situations d'urgence. Il explore également les raisons pour lesquelles le mouvement de survivalisme est né et les défis auxquels les gens sont confrontés dans un monde en constante évolution. Il examine les raisons pour lesquelles les gens choisissent de vivre selon les principes du survivalisme, ainsi que les avantages et les inconvénients de cette approche.

C'est aussi un guide pour ceux qui veulent être prêts à affronter les situations les plus difficiles et incertaines. C'est un appel à l'action pour ceux qui veulent prendre le contrôle de leur vie et de leur destinée, même dans les moments les plus sombres. Un rappel que la survie est une question de préparation, de résilience et de détermination.

2-Définitions et histoire du survivalisme

Définition du survivalisme :

Pour commencer, il est important de bien connaitre la définition exacte du survivalisme. Par définition, Le survivalisme est une pratique qui consiste à se préparer à survivre dans des situations d'urgence ou de crise en anticipant les besoins essentiels et vitaux tels que la nourriture, l'eau, l'abri, la sécurité et les soins médicaux. Cette pratique a été développée dans les années 1960-1970 par des groupes de survivalistes aux États-Unis en premier lieu, mais elle est devenue de plus en plus populaire dans le monde entier en raison de l'incertitude croissante quant à l'avenir et la dépendance croissante à l'égard des infrastructures modernes.

Les survivalistes sont des personnes qui cherchent à être autonomes et indépendantes en apprenant des compétences de base telles que la chasse, la pêche, la culture de leur propre nourriture, la fabrication d'outils, la médecine naturelle et l'utilisation de l'énergie solaire ou éolienne. Ils stockent également des fournitures de secours tels que des aliments en conserve, de l'eau potable, des médicaments, des équipements de communication, des outils de survie et des armes à feu pour se protéger.

Le survivalisme est de plus en plus populaire, et les gens y adhèrent pour diverses raisons. De nombreuses personnes y voient une réponse à l'incertitude croissante concernant l'avenir et à la dépendance de plus en plus grande à l'égard des technologies et des infrastructures modernes. Ils cherchent à réduire leur vulnérabilité aux risques potentiels en apprenant à survivre dans des conditions difficiles et en se préparant à faire face à l'adversité.

En acquérant des compétences précieuses telles que l'autosuffisance, les premiers secours et les techniques de survie de base, ils peuvent se sentir plus confiants dans leur capacité à faire face à n'importe quelle situation. En fin de compte, le survivalisme consiste à prendre le contrôle de sa vie et de son avenir, et à se préparer à tout ce que le monde peut lui réserver.

Le survivalisme est souvent mal compris aussi, certains le considérant comme un mouvement extrémiste, complotiste ou paranoïaque. Cependant, ses adeptes le considèrent comme une mesure de précaution responsable visant à se protéger et à protéger leurs proches en cas de catastrophe ou de crise. Il est essentiel de garder à l'esprit que le survivalisme ne doit pas être utilisé pour justifier un retrait total de la société ou un comportement violent ou illégal. Il s'agit plutôt d'être autosuffisant et préparé, tout en étant un membre productif et contributif de la société. Il ne s'agit donc pas d'une forme d'extrémisme ou de paranoïa, mais plutôt d'une approche intelligente et raisonnable de la sécurité et du bien-être personnels.

Histoire du survivalisme

Le survivalisme est un mouvement qui a gagné en popularité ces derniers temps et qui trouve ses racines dans les années 1960 et 1970 aux États-Unis. Le mouvement a été inspiré par la menace imminente d'une guerre nucléaire avec l'Union soviétique, ainsi que par les crises économiques et sociales de l'époque. En conséquence, de nombreuses personnes ont commencé à prendre des mesures proactives pour se préparer à des événements catastrophiques en stockant des fournitures essentielles et en apprenant des techniques de survie. Ce mouvement a évolué depuis et le survivalisme est devenu un mode de vie pour de nombreuses personnes qui recherchent l'autosuffisance et un sentiment de sécurité dans un monde incertain.

Dans les années 1950, le gouvernement américain a lancé un programme de bunkers souterrains pour protéger la population en cas de guerre nucléaire. Malheureusement, ces abris n'étaient pas accessibles à la plupart des citoyens, ce qui a mis en évidence l'importance de se préparer à l'autoconservation en cas de crise. Cela a conduit à une prise de conscience croissante de la nécessité de se préparer aux catastrophes et aux situations d'urgence.

Dans les années 1960, l'Agence de défense civile a publié un ouvrage novateur intitulé "Survival Under Atomic Attack" (Survie en cas d'attaque atomique). Ce livre a attiré l'attention du public et a mis la préparation à la survie en cas de catastrophe au premier plan des préoccupations des gens. Il recommandait notamment de construire des abris souterrains, de stocker de la nourriture et de l'eau et de former des communautés de survie. Grâce à cette publication pionnière, les gens ont commencé à prendre au sérieux leur survie en cas de catastrophe. Les conseils du livre sur la façon de se préparer à une attaque atomique étaient particulièrement importants à l'époque de la guerre froide, lorsque la guerre nucléaire semblait être une possibilité réelle. Aujourd'hui encore, les principes énoncés dans "Survivre à une attaque atomique" restent pertinents et utiles pour quiconque se préoccupe de la préparation aux catastrophes.

La crise pétrolière et la récession économique qui s'en est suivie dans les années 1970 ont eu un impact profond sur la société, entraînant un regain de popularité du survivalisme. Les gens ont commencé à se préparer au pire en stockant des produits de première nécessité tels que de la nourriture et du carburant, en perfectionnant leurs compétences en matière de survie en plein air et même en construisant des abris souterrains et des abris antiatomiques pour une protection accrue. La crainte d'un effondrement de la société et du chaos a incité de nombreuses personnes à prendre des mesures proactives pour assurer leur survie en cas de crise. En conséquence, la pratique du survivalisme est devenue de plus en plus courante au cours de cette période d'incertitude.

L'époque de la guerre froide a engendré un sentiment accru de peur et d'incertitude, la menace imminente d'une guerre nucléaire provoquant une panique généralisée. En conséquence, de nombreuses personnes se sont tournées vers le survivalisme pour se préparer à d'éventuelles catastrophes, qu'elles soient naturelles ou causées par l'homme. Dans les années 1980, des communautés de survivalistes ont vu le jour dans tout le pays, les gens stockant des provisions et perfectionnant leurs techniques de survie pour assurer la sécurité de leur famille en cas d'événement catastrophique. Qu'il s'agisse d'ouragans, de tremblements de terre ou de la menace d'un anéantissement nucléaire, les survivalistes étaient déterminés à être prêts à tout. Leur dévouement à la préparation reste un héritage d'une époque marquée par la peur et l'incertitude.

Comme dit précédemment, la guerre froide a joué un rôle majeur dans la propagande de l'esprit survivaliste, alors après la fin de cette dernière et la perception que la menace nucléaire avait diminuée, le survivalisme a connu une baisse de popularité dans les années 1990. Cependant, suite aux attentats terroristes du 11 septembre 2001, une résurgence de l'intérêt pour la préparation à la survie en cas d'attaque terroriste a été observée.

Ces dernières années, le survivalisme a connu une résurgence significative, de plus en plus d'individus prenant des mesures pour se préparer à des menaces potentielles pour leur sécurité et leur bien-être. Ce regain d'intérêt pour le survivalisme s'explique en grande partie par les préoccupations croissantes concernant la sécurité personnelle et les catastrophes naturelles. Les survivalistes d'aujourd'hui s'attachent particulièrement à se préparer à des scénarios potentiels tels que les pénuries alimentaires, les crises économiques et le déclin de la société. Ils reconnaissent l'importance d'être autosuffisant et de disposer des compétences et des ressources nécessaires pour survivre dans des circonstances difficiles.

Le survivalisme est devenu un mouvement mondial en pleine expansion et en constante évolution. Dans le monde d'aujourd'hui, les survivalistes reconnaissent l'importance de l'interdépendance mondiale et des questions environnementales, le battement d'ailes de papillon qui engendre un tsunami à l'autre bout de la planète n'a jamais été aussi vrai. En mettant l'accent sur la recherche de solutions de survie durables et sur la création de communautés capables de relever les défis à venir, le survivalisme est devenu un phénomène complexe et à multiples facettes. Alors que nous sommes confrontés à des défis sociétaux et environnementaux permanents, l'état d'esprit survivaliste continue de s'adapter et d'évoluer. Adoptant une approche holistique de la préparation, les survivalistes cherchent à construire des communautés résilientes qui peuvent prospérer face à l'adversité. En mettant l'accent sur la durabilité et l'autosuffisance, le survivalisme offre une approche proactive pour naviguer dans un avenir incertain.

3-Comprendre le mouvement collapsologique :

Qu'est-ce que la collapsologie ?

La collapsologie est une discipline scientifique fascinante qui explore l'effondrement potentiel de notre civilisation industrielle et des modes de vie que nous menons actuellement. Ce terme a gagné en popularité grâce au livre perspicace "How Everything Can Collapse" (Comment tout peut s'effondrer) : Petit manuel de collapsologie à l'usage des générations présentes" de l'auteur français Pablo Servigne, publié pour la première fois en 2015. En étudiant divers facteurs tels que la dégradation de l'environnement, l'instabilité économique et les troubles sociaux, les collapsologues cherchent à comprendre et à se préparer aux scénarios possibles qui pourraient conduire à l'effondrement de notre société. Avec ses réflexions stimulantes, la collapsologie est un outil essentiel pour favoriser une meilleure compréhension des défis auxquels nous sommes confrontés en tant que civilisation et des mesures que nous pouvons prendre pour assurer un avenir durable et sûr.

La collapsologie s'appuie sur des études scientifiques de diverses disciplines telles que l'écologie, la climatologie, la géologie, la sociologie, l'anthropologie, l'économie, la psychologie, la philosophie, l'histoire, etc. Elle s'intéresse également à l'impact des activités humaines sur l'environnement, à l'épuisement des ressources naturelles, à la perte de biodiversité, aux changements climatiques, à l'effondrement des systèmes économiques, politiques et sociaux..

Les collapsologues estiment que notre civilisation est en train de s'effondrer ou sur le point de s'effondrer, que ce soit à court, moyen ou long terme. Les raisons de cet effondrement sont multiples et interconnectées, mais ils considèrent que l'une des principales causes est la surconsommation des ressources naturelles, notamment les énergies fossiles.

Selon les collapsologues, l'effondrement peut prendre différentes formes et intensités, allant d'une crise économique grave à une guerre civile, en passant par une pandémie mondiale, une catastrophe environnementale majeure ou un effondrement complet de nos systèmes sociaux et politiques.

Cependant, les collapsologues et les survivalistes ne prônent pas le désespoir et l'inaction face à cette situation. Ils cherchent plutôt à développer des solutions pour rendre notre société plus résiliente et plus durable, en adoptant des modes de vie plus sobres, en préservant la biodiversité et en favorisant une économie locale et circulaire.

La collapsologie est également une invitation à repenser nos valeurs et notre rapport au monde, à réfléchir à ce que signifie le progrès, la croissance, la richesse et le bonheur. Elle encourage une remise en question de notre modèle de société actuel et invite à explorer de nouvelles voies pour construire un avenir plus durable et plus équitable pour tous.

Afin de mieux la comprendre, nous allons ici parler des fondamentaux qui la constituent.

Les principes fondamentaux de la collapsologie :

La collapsologie repose sur plusieurs principes fondamentaux, identifiés par les collapsologues :

Le principe fondamental numéro un est que l'effondrement est inévitable, qu'il se produira à un moment donné et qu'il aura des conséquences désastreuses pour notre société. Malgré cette croyance, les collapsologues ne se résignent pas à cette situation et cherchent à trouver des solutions pour minimiser les impacts de l'effondrement et pour construire un avenir plus durable.

L'interdépendance des systèmes est le deuxième principe à prendre en compte. Les économies, les politiques, les sociétés et l'environnement sont des systèmes qui sont intimement liés et qui s'influencent mutuellement. Si l'un de ces systèmes subit un effondrement, les autres se retrouvent également menacés.

Et en parlant de systèmes, la complexité de ces derniers est un autre principe de la collapsologie. En effet, les systèmes qui constituent notre civilisation sont extrêmement complexes et leur fonctionnement est difficile à prévoir et à contrôler. De plus, ces systèmes sont en évolution constante, ce qui rend leur compréhension encore plus complexe.

Et qui dit système et apocalypse, dit perturbations au niveau de ces mêmes systèmes, c'est pourquoi le quatrième principe selon les spécialistes de la collapsologie est celui de la résilience. La résilience consiste à maintenir un système dans un état de fonctionnement acceptable même en cas de perturbations importantes. Les collapsologues cherchent à développer des solutions pour renforcer la résilience de notre société face aux crises multiples et interconnectées. Ils s'intéressent aux modèles de société qui ont survécu à des situations de crise par le passé, tels que les sociétés autochtones, et cherchent à en tirer des enseignements pour construire une société plus résiliente. Pour les collapsologues, la résilience est un élément clé pour faire face à un effondrement potentiel de notre civilisation, et représente un réel mécanisme de défense.

Connaissez-vous l'effet boule de neige ? Non ? Peut-être l'effet papillon vous parle mieux ?

Rassurez-vous, ces deux expressions ont la même définition

Elles désignent une succession de petits évènements à petite échelle qui peuvent engendrer rapidement des conséquences très importantes, et souvent à très grande échelle. Et c'est notre cinquième principe fondamental. Les collapsologues considèrent que notre civilisation est aujourd'hui confrontée à de nombreuses perturbations qui pourraient déclencher cet effet boule de neige.

Avec une multitude de menaces se profilant à l'horizon pour la terre et la race humaine, il est aujourd'hui certain que l'on est certains de rien. Ce qui fait de l'incertitude un autre point important. Les collapsologues reconnaissent que les scénarios d'effondrement possibles sont nombreux et que leur probabilité est difficile à évaluer. Ils considèrent cependant qu'il est essentiel de prendre en compte ces scénarios pour mieux préparer notre société à faire face à des situations d'urgence.

Les collapsologues estiment également que la notion de progrès est à repenser. Ils considèrent que notre modèle de développement économique, basé sur une croissance infinie, est insoutenable et qu'il doit être remplacé par un modèle plus sobre et circulaire. Ils prônent également la réduction de la consommation, la préservation de la biodiversité, la relocalisation de l'économie, la coopération plutôt que la compétition, et une société plus solidaire et plus équitable.

Et pour finir, il est important pour chaque individu aujourd'hui de prendre conscience la situation à laquelle nous sommes confrontés. La collapsologie invite chacun à réfléchir à son mode de vie, à ses choix de consommation, à son rapport à la nature et à son environnement. Elle encourage également la participation à des actions collectives pour construire un avenir plus durable.

Préparer pour le collaps :

"Préparer pour le collaps" est une expression qui fait référence à la préparation individuelle et collective pour l'effondrement possible de notre société. Cette notion est de plus en plus discutée dans la société contemporaine, en particulier en raison des crises multiples et interconnectées auxquelles notre civilisation fait face, telles que le changement climatique, la perte de biodiversité, la crise économique, la pandémie mondiale et plus encore. Les partisans de cette idée estiment que la préparation est essentielle pour assurer la sécurité et la survie des individus et des communautés dans un contexte de crise. Cette préparation peut inclure des mesures pratiques, telles que le stockage de nourriture et d'eau, l'apprentissage de compétences de survie et la construction de réseaux de solidarité communautaire, ainsi que des changements plus profonds dans notre mode de vie et notre façon de penser. Dans cette section, nous explorerons les différentes dimensions de la préparation pour le collaps et les raisons pour lesquelles cette pratique est de plus en plus considérée comme une nécessité.

Comprendre le collaps

Comprendre le collaps désigne l'acte de prendre conscience de l'effondrement possible de notre civilisation et de ses conséquences potentielles. Comprendre le collaps, c'est réaliser que les problèmes auxquels nous sommes confrontés ne sont pas simplement des crises isolées, mais qu'ils font partie d'un système plus vaste qui peut entraîner un effondrement généralisé si nous ne prenons pas de mesures pour les résoudre.

Cette notion implique de prendre conscience de l'impact potentiellement dévastateur de ces crises sur notre vie quotidienne et sur la société dans son ensemble. Il s'agit également de reconnaître que ces crises ne sont pas simplement le résultat de phénomènes naturels, mais qu'elles sont étroitement liées aux choix politiques, économiques et sociaux que nous avons faits en tant que société. Comprendre le collaps implique donc de remettre en question ces choix et d'explorer des alternatives viables pour un avenir plus durable et résilient.

Une bonne compréhension du collaps nécessite des mesures pratiques afin de se préparer à l'effondrement éventuel de notre société. Cela peut inclure l'accumulation de stocks alimentaires et d'eau, l'acquisition de compétences de survie et l'établissement de communautés de soutien. Comprendre le collaps, c'est, en fin de compte, reconnaître et accepter que nous sommes confrontés à des défis complexes et colossaux, et c'est aussi avoir foi en notre capacité à unir nos forces pour surmonter ces adversités et pour bâtir un avenir plus résilient et meilleur pour tous.

L'importance de saisir l'idée de l'apocalypse est telle qu'il peut engendrer chez certains une angoisse et une inquiétude. Se retrouver face aux situations auxquelles nous devons faire face peut être déprimant, cependant il est essentiel de ne pas se laisser submerger par ces sentiments et de collaborer pour mettre en place des solutions viables.

Nous devons reconsidérer notre relation avec la nature et ses ressources. Les catastrophes environnementales sur lesquelles nous nous heurtons souvent sont le produit de notre exploitation abusive et excessive de ces mêmes ressources. Il est donc nécessaire de remettre en question ce système et de trouver des solutions viables pour un équilibre plus durable avec notre environnement.

L'entraide et l'esprit de communauté joue aussi un rôle crucial lors d'évènement catastrophiques, ou même d'apocalypse. Les crises auxquelles nous sommes confrontés sont des problèmes mondiaux qui exigent une réponse mondiale. Il est donc essentiel de travailler ensemble avec d'autres individus, communautés et nations pour surmonter ces défis et bâtir un avenir plus résilient et durable pour tous.

On peut dire finalement que le fait de "comprendre l'apocalypse" est une notion complexe qui implique de prendre conscience de l'effondrement possible de notre société et de ses conséquences potentielles. Cela implique de remettre en question nos choix politiques, économiques et sociaux, de prendre des mesures concrètes pour se préparer à l'effondrement possible et de travailler ensemble pour trouver des solutions viables et durables pour un avenir meilleur. C'est un processus continu qui nécessite un engagement et une collaboration constants pour surmonter les défis auxquels nous sommes confrontés en tant que société.

Identifier les risques

Reconnaître les dangers de l'effondrement est un processus indispensable pour saisir et se préparer à une chute éventuelle de notre société. Ce procédé consiste à évaluer les différentes menaces et catastrophes auxquels nous sommes confrontés en tant que société, ainsi que leur chance et leur influence potentielle sur notre vie journalière et sur la société dans l'ensemble.

Comme première étape, Il est essentiel de suivre de près les tendances et les événements actuels, notamment le changement climatique, la dégradation de la biodiversité, la crise économique, les conflits géopolitiques, les pandémies, etc., afin de déterminer les risques possibles pour l'avenir. Ces événements peuvent nous donner des indices sur les dangers à venir.

Une fois que les risques potentiels ont été détectés, les analyser en termes de probabilités est l'étape suivante. Cette analyse peut se faire à l'aide d'outils mathématiques ou en examinant les éléments qui pourraient être à l'origine des risques identifiés. Cette évaluation de probabilité permet d'obtenir une meilleure compréhension de leur degré de probabilité et aide à prendre des mesures préventives appropriées.

Il faudrait aussi analyser l'incidence potentielle que les risques peuvent avoir sur nos vies et sur la population toute entière. Cela peut impliquer des conséquences sur les ressources naturelles, les approvisionnements alimentaires et hydriques, la sûreté, le commerce et la politique.

Les risques ne se produisent pas isolément, mais peuvent interagir les uns avec les autres pour créer des effets cumulatifs. Ainsi, il est crucial de prendre en compte ces interactions lors de l'évaluation des risques. Cela implique d'adopter une approche globale et systémique, en considérant les liens de causalité entre les différents risques et en analysant leur impact potentiel sur les systèmes socio-économiques et environnementaux. Cette prise en compte des interactions entre les risques permet de mieux comprendre les scénarios d'effondrement possibles et d'élaborer des stratégies de résilience adaptées.

Il faut ainsi établir des priorités. Cette étape est essentielle pour déterminer où concentrer les efforts de préparation et de gestion des risques. Pour y parvenir, il est important de considérer la probabilité et l'impact potentiel de chaque risque. En hiérarchisant les risques, il devient plus facile d'élaborer des plans d'action pour faire face aux situations d'urgence et pour mettre en place des mesures préventives efficaces. Cette approche permet également de mieux allouer les ressources et d'optimiser les efforts en fonction de l'urgence et de l'importance des risques.

La gestion des risques joue un rôle essentiel dans l'identification et l'évaluation des risques potentiels. Cependant, il est tout aussi important d'élaborer et de mettre en œuvre des mesures d'atténuation afin de réduire la probabilité et l'impact de ces risques. Pour ce faire, il convient d'envisager une série de stratégies, notamment la mise en œuvre de politiques publiques, l'adoption de pratiques durables et la création de réseaux de soutien communautaire. L'objectif final est de réduire la vulnérabilité aux risques identifiés et d'assurer une gestion efficace des risques. L'évaluation continue des mesures d'atténuation est également essentielle pour garantir leur efficacité dans le temps. En hiérarchisant les mesures d'atténuation, les entreprises et les organisations peuvent s'attaquer de manière proactive aux risques potentiels et en minimiser l'impact.

Il faut évaluer et réévaluer en permanence les risques liés à l'effondrement de la société. Les événements et les tendances pouvant évoluer rapidement, la probabilité et l'impact des risques identifiés peuvent s'en trouver affectés. Il est donc nécessaire d'actualiser régulièrement l'évaluation des risques et de procéder à des ajustements en conséquence. Il est également important de réévaluer les mesures d'atténuation des risques pour s'assurer de leur efficacité et de leur adéquation aux nouvelles circonstances. Pour favoriser la confiance et la collaboration dans la gestion des risques, une communication claire et transparente avec la communauté est essentielle. L'implication et la participation actives de la communauté dans l'évaluation et la gestion des risques sont essentielles pour garantir une réponse rapide et efficace en cas de besoin. En prenant ces mesures, nous pouvons mieux nous préparer aux risques d'effondrement de la société et les atténuer.

Essayer de maintenir une évaluation continue des risques liés à l'effondrement de la société se trouve être la meilleure solution pour faire face à ce genre de menaces. Les événements et les tendances peuvent changer rapidement, ce qui peut modifier la probabilité et l'impact des risques identifiés. Il est donc important de mettre à jour régulièrement l'évaluation des risques et de s'adapter en conséquence. Cette évaluation doit également inclure une réévaluation des mesures d'atténuation des risques, pour garantir qu'elles restent efficaces et adaptées aux nouvelles circonstances. Par ailleurs, maintenir une communication claire et transparente avec la communauté pour favoriser la confiance et la collaboration dans la gestion des risques est primordial. Aussi, l'implication et la participation active de la communauté dans l'évaluation et la gestion des risques est essentielle pour assurer une réponse rapide et efficace en cas de besoin.

Evaluer son emplacement

Une fois que l'on est prêt à affronter des catastrophes majeures telles que des pandémies, des conflits armés ou des catastrophes naturelles, on doit s'assurer que l'endroit où nous nous trouvons est sûr et ne présente pas de risques pour nous et notre famille. Ainsi, nous aborderons ici quelques critères afin d'évaluer son emplacement.

Lorsqu'il s'agit de la sécurité de votre maison et de vos proches, il est impératif de prendre en compte les risques naturels auxquels votre région peut être exposée. Si vous vivez dans une région côtière, vous risquez d'être confronté à des catastrophes potentielles telles que des ouragans, des inondations, voire des tsunamis. De même, si vous résidez dans une région montagneuse, vous pouvez être plus exposé aux avalanches ou aux incendies de forêt. Pour se prémunir contre ces risques, il est essentiel de bien comprendre et d'analyser les risques naturels potentiels dans votre région, puis de prendre les mesures nécessaires pour les prévenir. En mettant en œuvre des stratégies adéquates, vous pouvez assurer la sécurité de votre famille et de vos biens, et être mieux préparé à faire face à toute situation d'urgence.

L'accès aux ressources primordiales telles que l'eau, la nourriture, l'énergie et les médicaments peut vous tuer en un rien de temps si vous n'analysez pas votre environnement et ne faites pas vos rations correctement. Alors il faut bien examiner ses environs et s'assurer de la disponibilité de ses ressources. Les personnes habitant dans des régions reculées ou isolées peuvent rencontrer des difficultés pour obtenir ces biens en cas de perturbations graves des services publics. Je vous énumère ici quelques exemples qui pourraient vous aider dans votre recherche :

- Les régions côtières : les régions côtières sont souvent riches en ressources marines telles que les poissons, les crustacés et les mollusques, ainsi que des sources d'eau salée pour la désalinisation.

- Les régions agricoles : les régions où l'agriculture est pratiquée de manière intensive sont riches en ressources alimentaires telles que les céréales, les fruits, les légumes et les produits laitiers.

- Les régions forestières : les régions forestières sont riches en bois de chauffage, en matières premières pour la construction et en plantes médicinales.

- Les régions montagneuses : les régions montagneuses sont riches en sources d'eau douce, ainsi qu'en ressources minérales telles que les métaux précieux et les minéraux industriels.

- Les régions désertiques : les régions désertiques peuvent sembler hostiles, mais elles offrent des ressources telles que l'énergie solaire, l'eau souterraine et les minéraux rares.

Un autre point que je n'ai pas souligné est de prendre en compte la population locale lors de l'évaluation des risques liés au collaps. La densité de la population dans une zone peut engendrer des difficultés supplémentaires en cas de crise, comme la propagation rapide des maladies, l'accès limité aux ressources ou l'augmentation de la violence. De plus, L'évaluation des relations communautaires est essentielle pour renforcer la résilience en temps de crise. Une forte cohésion sociale peut aider les communautés à mieux faire face aux catastrophes et à s'en remettre. En outre, il est essentiel de comprendre les ressources et les compétences de la population locale pour planifier des mesures d'atténuation des risques et des stratégies d'adaptation efficaces. Sans une connaissance approfondie de la communauté, il est impossible d'évaluer de manière exhaustive les risques liés à l'effondrement. Par conséquent, investir du temps et des efforts dans la compréhension de la population locale est une étape essentielle dans la construction d'une communauté plus résiliente et mieux préparée.

Aussi l'évaluation du risque d'effondrement nécessite un examen minutieux de plusieurs facteurs, notamment l'état des infrastructures de la région et les relations entre les communautés. L'état des infrastructures est crucial car il peut avoir un impact considérable sur la capacité des communautés à faire face aux défis postérieurs à l'effondrement, tels que le transport, la communication et la distribution des ressources. Les régions dont les infrastructures sont mal entretenues sont plus susceptibles d'être endommagées par des catastrophes naturelles, tandis que celles dont les infrastructures sont bien développées sont mieux équipées pour faire face aux conséquences. Il est important de noter que les relations avec les communautés sont tout aussi importantes car elles peuvent affecter la résilience globale d'une région. En tenant compte de ces facteurs, nous pouvons mieux nous préparer aux risques potentiels et minimiser l'impact d'un effondrement.

Comme mentionné précédemment, la population locale et les relations communautaires sont des facteurs clés à prendre en compte. Les zones densément peuplées peuvent être confrontées à des défis supplémentaires en cas de crise, tels que la propagation rapide des maladies ou l'augmentation de la violence. De même, les communautés avec des relations sociales solides peuvent mieux résister et se rétablir plus rapidement après un effondrement.

Il est crucial d'évaluer le contexte politique et social de votre région lors de la planification de la préparation au collaps. Dans les zones où il y a une forte polarisation politique ou sociale, les tensions peuvent rapidement augmenter en cas de crise majeure, ce qui peut conduire à des troubles civils, du coup il faut comprendre les dynamiques politiques et sociales de votre région et d'identifier les groupes ou les communautés qui peuvent être particulièrement vulnérables. Cela peut aider à prévoir les scénarios de crise et à adapter les plans de préparation en conséquence, en créant des réseaux de soutien communautaire pour promouvoir la résilience et la cohésion sociale.

L'évaluation de votre emplacement en cas d'effondrement n'est pas une tâche ponctuelle. Il s'agit d'un processus en constante évolution qui nécessite de prendre en compte les catastrophes naturelles, l'instabilité politique et les risques sociaux. La disponibilité des infrastructures et des ressources peut également changer au fil du temps. C'est pourquoi nous vous recommandons vivement de mettre à jour votre évaluation régulièrement et de réévaluer votre emplacement en fonction de tout changement. Restez vigilant et tenez-vous informé pour garantir votre sécurité en toutes circonstances.

Lorsqu'il s'agit de se préparer à un effondrement, il ne suffit pas de se concentrer sur l'endroit où l'on se trouve. Il est également essentiel d'être équipé pour faire face à une situation de crise. Cela signifie qu'il faut prendre des mesures telles que faire des réserves de nourriture et d'eau, acquérir des compétences de survie comme faire du feu et jardiner, et constituer une communauté fiable de personnes partageant les mêmes idées. En tenant compte de tous ces facteurs, vous pouvez vous assurer que vous êtes parfaitement préparé à relever tous les défis qui se présenteront à vous.

4-Elaborer un plan de survie

Dans le monde d'aujourd'hui, où tout va très vite, nous ne savons jamais quand nous pouvons être confrontés à une crise. Qu'il s'agisse de catastrophes naturelles, de troubles civils, de ralentissements économiques ou d'urgences sanitaires, ces situations peuvent rapidement s'aggraver et nous rendre vulnérables. C'est là qu'un plan de survie solide entre en jeu. En prenant le temps d'élaborer un plan complet, nous pouvons nous assurer que nous disposons des dispositions et des ressources nécessaires pour nous protéger, nous et notre famille, en cas d'urgence. Qu'il s'agisse de faire des réserves, d'identifier des itinéraires d'évacuation sûrs ou d'établir des protocoles de communication, un plan de survie bien pensé peut faire la différence entre la vie et la mort. N'attendez donc pas qu'il soit trop tard.

Je vous présente ici les différentes étapes afin d'élaborer un plan de survie :

•	Identifier les menaces : La première étape consiste à identifier les menaces potentielles auxquelles vous pourriez être confronté. Il peut s'agir de catastrophes naturelles telles que les ouragans, les inondations ou les tremblements de terre, ou de menaces plus spécifiques telles que les pandémies ou les pannes d'électricité prolongées. Etudiez-bien chaque région et les menaces qu'elles peuvent cacher.

•	Évaluer les ressources : une fois que vous avez identifié les menaces potentielles, vous devez évaluer les ressources dont vous disposez pour faire face à ces menaces. Cela peut inclure la nourriture et l'eau stockée, les compétences de survie que vous avez acquises, les équipements tels que des radios ou des lampes de poche, et la communauté de confiance que vous avez formée.

•	Identifier les besoins : en fonction des menaces identifiées et des ressources disponibles, vous devez identifier les besoins qui doivent être satisfaits pour survivre. Cela peut inclure la nourriture, l'eau, les abris, les médicaments et les soins médicaux, les compétences de survie, l'énergie et la sécurité.

•	Élaborer un plan : en utilisant les informations recueillies lors des étapes précédentes, vous pouvez élaborer un plan de survie détaillé. Le plan doit inclure des étapes concrètes à suivre en cas de crise, telles que l'évacuation ou la recherche d'un abri sûr. Il doit également inclure des instructions détaillées sur la façon de satisfaire vos besoins en matière de nourriture, d'eau, d'abri et de sécurité.

•	Stocker des fournitures : une partie importante du plan de survie consiste à stocker des fournitures d'urgence. Il est recommandé de stocker suffisamment de nourriture, d'eau et d'autres fournitures pour au moins trois jours, voire plus si possible. Les fournitures d'urgence peuvent inclure des aliments non périssables, de l'eau en bouteille, des médicaments, des vêtements chauds, des sacs de couchage et des fournitures médicales.

•	Prévoir un lieu de rassemblement : un des points les plus importants. Il est presque essentiel d'avoir un lieu de rassemblement en cas d'évacuation ou de crise. Il peut s'agir d'un endroit où vous et votre famille pouvez-vous rencontrer en toute sécurité, ou d'un endroit où vous pouvez obtenir de l'aide ou des ressources supplémentaires. Ceci pourrait assurer la survie de votre famille ou votre communauté.

•	Réviser et pratiquer le plan : une fois que vous avez élaboré votre plan de survie, il est conseillé de le réviser régulièrement et de le mettre en pratique. En révisant régulièrement votre plan, vous pouvez vous assurer qu'il reste pertinent et que toutes les informations sont à jour. En pratiquant votre plan, vous pouvez vous préparer mentalement et physiquement à faire face à une crise.

Vous devez également noter que chaque plan de survie sera différent en fonction des besoins, des ressources et des circonstances individuelles. Par exemple, si vous habitez dans une région où les ouragans sont fréquents, votre plan de survie devra inclure des étapes pour protéger votre maison et votre propriété contre les dommages causés par les vents forts et les inondations. Si vous vivez dans une région sujette aux tremblements de terre, votre plan de survie devra inclure des étapes pour vous protéger des blessures causées par les secousses sismiques et pour trouver un abri sûr après l'événement, ceci fait référence au point qu'on a expliqué précédemment, celui de bien connaitre son environnement.

Dites-vous bien que le plan de survie est un processus en constante évolution. Il doit être révisé et mis à jour régulièrement pour s'assurer qu'il reste pertinent et utile en cas de crise. En pratiquant régulièrement les étapes de votre plan, vous pouvez vous préparer mentalement et physiquement à faire face à une crise.

Maintenant, je vais vous montrer quelques exemples de points importants à inclure dans votre plan de survie pour assurer la survie de votre famille et vos proches.

Il existe plusieurs éléments clés à prendre en compte lors de l'élaboration d'un plan de survie, voici une liste non exhaustive de certains éléments que j'estime essentiels :

• Sécurité : Si vous devez quitter votre domicile en cas d'urgence, planifiez un itinéraire sûr et évitez les zones dangereuses. Assurez-vous également de disposer d'un kit de premiers secours, de lampes de poche et d'objets utiles pour votre sécurité, tels que des extincteurs d'incendie.

• Préparation mentale : La préparation mentale est tout aussi importante que la préparation matérielle. Établissez un plan avec les membres de votre famille et pratiquez-le régulièrement pour être prêt en cas d'urgence. Entraînez-vous également à rester calme et à prendre des décisions en situation de stress.

• Gestion des fournitures : Il est important de stocker suffisamment de nourriture, d'eau, de médicaments et d'autres fournitures essentielles pour vous et votre famille pendant au moins trois jours, voire une semaine ou plus. Vous devez également tenir compte des besoins spécifiques de chaque membre de la famille, comme les médicaments nécessaires, les couches pour bébés ou les aliments pour animaux de compagnie.

• Communication : Établissez un plan de communication clair avec les membres de votre famille en cas d'urgence. Assurez-vous que tout le monde sait comment communiquer entre eux et avec les autorités, en cas de panne de courant ou de réseaux téléphoniques. Gardez une radio portable et des batteries supplémentaires à portée de main.

• Plan d'évacuation : En cas d'évacuation, élaborez un plan clair avec les membres de votre famille pour savoir où aller et comment y arriver. Identifiez les routes principales, les abris locaux et les hébergements temporaires, si nécessaire.

Alors, si on devait résumer tout ça en quelques phrases, élaborer un plan de survie est un processus complexe qui nécessite de la planification, de l'organisation et de la préparation. Cependant, en prenant le temps de développer un plan solide, vous pouvez aider votre famille à faire face à des situations d'urgence imprévues. N'oubliez pas que la préparation est la clé de la sécurité et que chaque petit pas que vous faites peut vous aider à vous préparer à l'avenir.

Toute cette préparation mentale et communautaire est bien belle mais, qu'en est-il du concret ? Qu'en est-il de l'équipement à avoir et de son utilisation ?

Et bien sachez que l'équipement dont vous disposez peut faire la différence entre la vie et la mort. Rien que ça. Les conditions auxquelles vous serez confronté lors d'une apocalypse peuvent être extrêmes et imprévisibles, être bien préparé à toute situation d'urgence est absolument essentiel. Dans cette section, nous examinerons les différents types d'équipements nécessaires à votre survie en cas de crash. Nous aborderons également les compétences essentielles nécessaires à l'utilisation efficace de cet équipement, afin d'augmenter vos chances de survie dans un monde post-apocalyptique. Alors, commençons et équipons-nous des connaissances dont nous avons besoin pour survivre

Survivre dans un monde post-apocalyptique nécessite un équipement différent de celui nécessaire au camping ou à la randonnée. Pour braver des conditions extrêmes, se procurer de la nourriture et de l'eau et se protéger des dangers tels que les animaux sauvages et les éléments, il faut être parfaitement préparé et disposer de l'équipement et des compétences adéquats. Il vous faudra peut-être investir dans du nouveau matériel et apprendre à l'utiliser efficacement pour assurer votre survie. N'oubliez pas que les enjeux sont élevés et que le manque de préparation peut faire la différence entre la vie et la mort. N'attendez donc pas qu'il soit trop tard pour commencer à vous préparer au pire des scénarios.

Le choix du bon équipement est crucial pour toute aventure en plein air, et il doit être adapté à vos besoins et à votre lieu de résidence. Par exemple, si vous vous trouvez dans une région où l'accès à l'eau est limité, il est judicieux d'investir dans un équipement de filtration de l'eau. De même, si vous campez dans des températures glaciales, des sacs de couchage de qualité et des vêtements chauds sont essentiels à votre confort et à votre sécurité. En choisissant l'équipement approprié, vous pourrez profiter pleinement de votre expérience en plein air, sans aucun problème.

La survie lors d'un collaps dépendra en grande partie de l'équipement que vous aurez choisi et de vos compétences pour l'utiliser efficacement. En planifiant à l'avance et en faisant des choix éclairés en matière d'équipement, vous pouvez augmenter considérablement vos chances de survie dans un monde post-apocalyptique. Dans la suite de cette partie, nous allons explorer en détail les différents types d'équipements dont vous aurez besoin pour survivre lors d'un collaps.

Equipement et préparation

Lorsqu'il s'agit de se préparer pour un collaps, l'équipement est un élément clé pour assurer votre survie. Les conditions de vie dans un monde post-apocalyptique peuvent être très difficiles, ce qui signifie que vous devrez être prêt à affronter des situations extrêmes et à subvenir à vos besoins de base tels que l'alimentation, l'eau et l'abri.

Parmi les équipements essentiels pour la survie lors d'un collaps, on peut citer :

- Vêtements adaptés : Des vêtements de protection contre les éléments tels que des manteaux imperméables, des bottes de randonnée et des chapeaux peuvent être nécessaires selon l'endroit où vous vous trouvez et le climat.

- Moyens de transport : Si vous devez fuir rapidement, un moyen de transport tel qu'un vélo, une voiture ou un bateau peut être nécessaire. Assurez-vous d'avoir suffisamment de carburant ou d'autres sources d'énergie pour vous déplacer.

[?] Équipement de protection : Des masques à gaz, des gants et d'autres équipements de protection peuvent être nécessaires en cas de pandémie ou de catastrophe impliquant des produits chimiques.

[?] Équipement de survie spécialisé : Enfin, selon le type d'apocalypse et l'endroit où vous vous trouvez, des équipements de survie spécialisés tels que des géo positionneurs, des détecteurs de radiation ou des purificateurs d'air peuvent être nécessaires.

[?] Les purificateurs d'eau : les purificateurs d'eau sont des outils indispensables pour la survie à long terme. Ils permettent de rendre potable l'eau non potable, ce qui peut éviter les maladies liées à l'eau insalubre.

[?] Les générateurs d'énergie solaire : les générateurs d'énergie solaire peuvent fournir une source d'énergie renouvelable pour recharger les batteries, les téléphones portables et autres appareils électroniques en cas de coupure de courant prolongée.

[?] Armes : Si vous vivez dans une région dangereuse, une arme à feu peut être nécessaire pour protéger votre famille et votre territoire. Assurez-vous de connaître les lois locales en matière d'armes à feu et de sécurité avant d'en posséder une.

[?] Communication : Un téléphone portable, une radio ou une balise de détresse peut être utile pour appeler à l'aide ou communiquer avec d'autres personnes.

[?] Les kits de premiers soins spécialisés : les kits de premiers soins spécialisés sont conçus pour faire face à des blessures plus graves que les kits de premiers soins standards. Ils peuvent contenir des équipements tels que des attelles, des pansements hémostatiques, des sutures et des médicaments.

[?] Les tentes de survie : les tentes de survie sont des abris légers, compacts et résistants aux intempéries, conçus pour les situations de survie. Elles peuvent être rapidement montées et démontées, ce qui les rend idéales pour les situations d'urgence.

☐ Nourriture : Stockez des aliments non périssables tels que les conserves, les barres énergétiques et les céréales. Pensez également à cultiver votre propre nourriture, à pêcher ou à chasser si vous êtes dans une région propice à ces activités.

☐ Outils de survie : Des outils tels que les haches, les scies et les pioches peuvent être utilisés pour couper du bois et construire des abris.

☐ Les sacs à dos de survie : les sacs à dos de survie sont conçus pour contenir tout ce dont un survivant a besoin pour survivre pendant plusieurs jours. Ils peuvent inclure de la nourriture, de l'eau, des vêtements, des outils de survie et des équipements de communication.

☐ Les couteaux de survie : Dernier outil de cette liste, mais pas des moindres, les couteaux de survie sont des outils indispensables pour la survie en milieu sauvage. Ils peuvent être utilisés pour couper du bois, préparer de la nourriture et construire des abris.

Nous allons décortiquer certains équipements et voir comment ils peuvent vous être utiles.

Commençons par les vêtements. Vous aurez besoin de vêtements qui sont résistants aux éléments, confortables et fonctionnels. Les vêtements doivent être adaptés aux conditions météorologiques dans votre région, alors assurez-vous d'inclure des couches de vêtements qui peuvent être enlevées ou ajoutées en fonction des températures. Les vêtements doivent également être suffisamment résistants pour résister aux déchirures et aux dommages lors de vos activités de survie.

Un autre élément clé de votre équipement pour la survie est le sac à dos. Vous devrez transporter tous les éléments essentiels pour votre survie dans un sac à dos résistant et confortable. Le sac à dos doit être suffisamment grand pour contenir tout votre équipement, mais aussi léger et facile à transporter. Vous pouvez également envisager d'investir dans un sac à dos qui est résistant à l'eau et qui a plusieurs compartiments pour aider à l'organisation de votre équipement.

Les outils pour la coupe de bois, la pêche et la chasse sont également essentiels pour votre équipement de survie. Cela peut inclure des haches, des couteaux, des cannes à pêche et des arcs et flèches. Vous devrez également être en mesure de construire des abris de fortune, de réparer les équipements et de trouver des sources de nourriture.

Vous devrez être en mesure de traiter les blessures mineures et les maladies, ainsi que d'administrer des médicaments, donc n'oubliez pas le kit de premiers soins. Le kit de premiers soins doit être compact et facile à transporter, mais doit contenir des articles essentiels tels que des bandages, des antiseptiques, des médicaments pour la douleur et les infections, et des fournitures pour les blessures graves.

Et comme mentionné plus haut, votre équipement de survie doit comprendre des sources d'énergie telles que les générateurs solaires ou les batteries rechargeables. Vous aurez besoin d'une source d'énergie pour charger vos téléphones portables, vos lampes de poche, vos radios et d'autres équipements électroniques. Les générateurs solaires et les batteries rechargeables sont une bonne option car ils peuvent être rechargés à l'aide de l'énergie solaire ou d'une source d'énergie portable telle que les batteries de voiture.

Par contre, vous devez noter que l'équipement et la préparation ne doivent pas être considérés comme une fin en soi. Au-delà de l'accumulation d'outils et de fournitures, vous devez cultiver des compétences pratiques qui permettent de survivre dans des situations difficiles. Cela peut inclure des compétences telles que la chasse, la pêche, le jardinage, la construction de structures temporaires, le traitement de l'eau et la navigation. Plus vous avez de compétences, plus vous êtes capable de vous adapter à des situations imprévues.

En temps de crise, il faut garder à l'esprit que les ressources et les approvisionnements sont limités. Les réserves de nourriture et d'eau finiront inévitablement par s'épuiser. C'est pourquoi il est essentiel de se préparer à long terme en trouvant des moyens de produire ses propres ressources. Il peut s'agir d'agriculture, d'élevage ou de collecte de ressources naturelles, ce qui nécessite souvent une formation et une pratique régulières. Cependant, cette préparation est essentielle à la survie à long terme. En prenant ces mesures proactives, vous pouvez augmenter vos chances de rester autosuffisant même lorsque les ressources extérieures sont rares.

Construction de refuges et abris

Que ce soit pour se protéger des éléments, pour se cacher ou pour établir un lieu de vie à long terme, savoir construire un abri peut faire la différence entre la vie et la mort. Cette compétence nécessite une connaissance des matériaux disponibles dans la nature et une compréhension des techniques de construction de base. Cette partie traitera des différents types de refuges et abris, les matériaux et outils nécessaires pour les construire, ainsi que les techniques de construction les plus efficaces pour garantir leur durabilité et leur sécurité.

Les abris fournissent une protection contre les éléments, les animaux sauvages et les autres menaces potentielles, tandis que les refuges peuvent fournir un endroit sûr pour stocker des fournitures et des ressources.

La construction d'un abri nécessite une étude approfondie de l'environnement local et des conditions météorologiques. Vous devez tenir compte de la possibilité de tempêtes et de vents violents et élaborer un plan pour créer une structure solide capable de résister à ces éléments naturels. En outre, il est important de tenir compte des températures extrêmes, qu'il s'agisse d'une chaleur torride ou d'un froid glacial, et de fournir une protection adéquate à tous les occupants. Un autre facteur crucial est la disponibilité des matériaux dans la région. Des options limitées peuvent nécessiter des solutions créatives ou des méthodes de construction alternatives. En prenant le temps d'évaluer ces aspects, vous vous assurez que l'abri que vous construisez est sûr, confortable et adapté à l'endroit.

Le choix de l'emplacement est également important. Les abris devraient être construits sur une surface plane et bien drainée pour éviter les inondations et l'humidité. Ils devraient être situés à proximité de ressources telles que de l'eau et des sources de nourriture, mais suffisamment éloignés pour éviter les dangers tels que les zones d'inondation et les éboulements de terrain.

Les types d'abris peuvent varier aussi en fonction des matériaux disponibles et des compétences de construction. Les abris peuvent être construits à partir de matériaux naturels tels que la pierre, le bois, la mousse ou la terre. Les bâches, les tentes et les abris préfabriqués peuvent également être utilisés.

On ne saurait trop insister sur le fait que la construction d'abris et de refuges peut s'avérer une tâche complexe et fastidieuse qui exige des compétences avancées en matière de construction. C'est pourquoi je vous conseille vivement de perfectionner vos compétences en matière de construction d'abris et de refuges bien avant toute catastrophe potentielle. Cela vous permettra de perfectionner les techniques nécessaires et de devenir compétent dans les situations de crise.

La construction d'abris n'est qu'un début lorsqu'il s'agit de sécuriser un site. Pour assurer une protection maximale, un plan de sécurité complet doit être élaboré. Ce plan comprend la mise en place de barrières de sécurité, la surveillance des environs et l'élaboration de plans d'évacuation efficaces en cas de danger potentiel. Ne négligez pas cet aspect crucial de la préparation d'un site, il pourrait faire la différence entre la sécurité et le désastre.

La construction de refuges et d'abris est un élément clé de la préparation à la survie lors d'un collaps. Vous devez prendre en compte l'environnement local et les conditions météorologiques pour choisir l'emplacement et les matériaux de construction.

Survie alimentaire et nutrition

Au cœur d'un scénario apocalyptique, l'accès à la nourriture et à une alimentation adéquate devient une question de la plus haute importance. Avec des infrastructures défaillantes, des réseaux de distribution perturbés et des systèmes agricoles compromis, garantir des sources fiables de subsistance devient un défi de taille. Pour survivre et prospérer dans une telle situation, il faut avoir une compréhension globale des facteurs critiques qui garantissent une alimentation et une nutrition adéquates. Dans ce guide, nous explorerons les éléments essentiels nécessaires à une survie alimentaire et nutritionnelle efficace en cas d'apocalypse.

Les réserves alimentaires

La première étape pour assurer une survie alimentaire lors d'une apocalypse est de stocker des réserves alimentaires. Les aliments non périssables, tels que les conserves, les aliments lyophilisés et les barres énergétiques, sont des choix populaires pour les réserves alimentaires de survie. Il est primordial de stocker suffisamment de nourriture pour couvrir les besoins nutritionnels de votre famille pendant plusieurs semaines à plusieurs mois.

La chasse et la pêche

La chasse et la pêche peuvent fournir une source de nourriture durable et renouvelable pendant une apocalypse. Connaître les espèces comestibles dans votre région et les techniques de chasse et de pêche appropriées vous sera d'une grande aide. Cependant, la chasse et la pêche peuvent être dangereuses et nécessitent des compétences et des équipements appropriés.

La cueillette de nourriture sauvage

La cueillette de nourriture sauvage, telle que les plantes comestibles, les baies et les champignons est aussi une source de nourriture supplémentaire pendant une apocalypse. Par contre, ne vous aventurez pas sur ce terrain-là si vous ne connaissez les types de plantes et champignons comestibles et pouvoir les identifier correctement, car de nombreuses espèces peuvent être toxiques ou mortelles.

La sécurité alimentaire

Assurez-vous de stocker les réserves alimentaires dans un endroit sûr et sec pour éviter la contamination et la dégradation. Les aliments non périssables tels que les conserves, les aliments lyophilisés et les barres énergétiques sont des choix populaires pour les réserves alimentaires de survie.

Outre la nourriture, il faut également penser à stocker l'eau. Les sources d'eau potable peuvent être rares pendant une crise, il est donc important de stocker de l'eau et de savoir comment trouver de l'eau potable dans la nature. Les compétences de purification de l'eau sont également importantes pour rendre l'eau impure propre à la consommation.

La nutrition

Et par nutrition, nous parlons ici d'une alimentation saine, équilibrée et nutritive. Les aliments stockés doivent fournir un équilibre adéquat de protéines, de graisses et de glucides, ainsi que des vitamines et des minéraux essentiels. Les compléments alimentaires peuvent être utiles pour compléter les carences nutritionnelles.

La cuisine

Cuisiner pendant une apocalypse n'est pas chose facile, car les sources d'énergie, telles que l'électricité et le gaz, peuvent être rares ou inexistantes. Le fait de connaître les techniques de cuisson appropriées, telles que la cuisine sur feu ouvert et l'utilisation de combustibles renouvelables, tels que le bois et le charbon de bois est nécessaire.

Il faut savoir donc comment stocker et conserver les aliments. Les aliments en conserve, les aliments séchés, les aliments en conserve sous vide et les aliments surgelés sont des options populaires pour la survie alimentaire à long terme. N'oubliez pas également de stocker de l'eau potable en quantité suffisante pour survivre en cas d'urgence. Des filtres à eau et des pastilles de purification peuvent être utilisés pour rendre l'eau potable si nécessaire.

Ainsi, votre nutrition est essentielle pour maintenir un corps sain et résistant. Les aliments riches en protéines et en vitamines sont indispensables pour rester fort et en bonne santé. Des suppléments vitaminiques peuvent également être nécessaires pour compléter les carences alimentaires.

La culture des aliments, la chasse et la pêche peuvent être des compétences précieuses pour assurer une source d'alimentation à long terme. N'hésitez pas à maintenir une alimentation équilibrée pour rester fort et en bonne santé.

Energie et sécurité

La disponibilité d'énergie peut affecter la capacité de chauffer des abris, de cuisiner de la nourriture, de purifier l'eau et de communiquer avec le monde extérieur.

Vivre dans un environnement hostile sans accès à l'électricité peut être un défi incroyablement décourageant. Même les tâches les plus simples peuvent sembler impossibles à accomplir. C'est pourquoi les sources d'énergie alternatives telles que les panneaux solaires, les générateurs et les éoliennes peuvent vous sauver la vie. Ces sources fournissent l'électricité nécessaire au moment où on en a le plus besoin, ce qui rend la vie plus facile et plus gérable. Investir dans de telles solutions énergétiques peut vous permettre de faire face à n'importe quelle situation avec facilité et commodité.

Les panneaux solaires sont une option populaire car ils sont relativement abordables, durables et ne nécessitent pas de carburant. Ils peuvent être utilisés pour alimenter des appareils tels que des lampes, des réfrigérateurs, des radios et des outils de communication. Les générateurs, quant à eux, peuvent être alimentés par divers types de carburant, tels que l'essence, le diesel, le propane ou le gaz naturel. Ils peuvent être utilisés pour alimenter des appareils plus gros ou pour recharger des batteries.

Connaître les différentes sources d'énergie disponibles autre que l'énergie solaire peut vous aider à alimenter vos appareils électroniques, y compris les sources d'énergie renouvelables telles que l'énergie éolienne et hydraulique, ainsi que les sources d'énergie non renouvelables telles que les combustibles fossiles. Les panneaux solaires, les éoliennes et les générateurs peuvent être utilisés pour produire de l'électricité en cas de panne de courant.

Maintenant, parlons sécurité. Vous devrez vous protéger contre les menaces potentielles en ayant des moyens de défense tels que des armes à feu, des couteaux et des outils de combat, aussi avoir des systèmes de surveillance tels que des caméras de sécurité et des systèmes d'alarme pour détecter les intrus.

Savoir comment sécuriser vos abris et vos refuges s'avère être essentiel pour vous protéger et protéger votre famille des intrus et des menaces extérieures. Cela peut inclure l'utilisation de portes et de fenêtres renforcées, de clôtures et de murs de protection pour empêcher les intrus et les animaux sauvages d'entrer.

Les systèmes de surveillance peuvent également aider à assurer la sécurité, tels que les caméras de sécurité, les alarmes et les détecteurs de mouvement. On essaie donc d'avoir des plans de sécurité et de protéger ses approvisionnements, tels que les stocks alimentaires et d'eau, des intrus.

L'énergie et la sécurité jouent un rôle très important dans la longue durée. Il ne faut pas oublier de planifier et de prévoir des sources d'énergie alternatives, ainsi que des mesures de sécurité pour se protéger et protéger ses biens.

Préparation mentale et physique

Nous avons abordé jusqu'à présent la question de la préparation avant une catastrophe ou une apocalypse, en expliquant la définition exacte de cette dernière, et les étapes à prendre afin de maximiser ses chances de survie. Puis, nous avons parlé des équipements, et de la façon dont ses derniers sont utilisés, un des volets les plus importants du livre, et du domaine de la survie en général.

Maintenant, nous allons nous attaquer au volet mental et physique, à la préparation mentale et l'entrainement physique en cas de scénario catastrophe.

Il faut savoir que les événements de collaps, les catastrophes naturelles et les situations d'urgence peuvent être très stressants et exigeants sur le corps et l'esprit. Par conséquent, il est essentiel d'être prêt à gérer ces situations de manière efficace. C'est pourquoi il est absolument nécessaire de bien s'y préparer.

Commençons par :

La préparation physique

Pour rester en sécurité, vous devez prendre quelques précautions essentielles. Tout d'abord, pensez à vous équiper d'outils d'autodéfense tels que des armes à feu, des couteaux et d'autres outils de combat pour vous protéger en cas d'attaque. En outre, investir dans des systèmes de surveillance tels que des caméras de sécurité et des systèmes d'alarme peut vous aider à détecter les intrus et à prévenir les menaces potentielles avant qu'elles ne deviennent un problème. N'oubliez pas qu'il est toujours préférable d'être préparé plutôt que d'être pris au dépourvu lorsqu'il s'agit de votre sécurité

Avoir une bonne préparation physique ne peut vous faire que du bien, sur le plan physique bien évidemment, mais ça améliore votre mental aussi. Être en bonne forme physique permet d'avoir plus d'énergie, de résistance et de force pour faire face aux défis physiques qui se présentent. Je vous présente ici quelques exercices que vous pouvez effectuer pour vous remettre en pleine forme :

• L'entraînement cardiovasculaire : une bonne endurance cardiovasculaire est essentielle pour pouvoir se déplacer rapidement sur de longues distances. Les exercices tels que la course à pied, le vélo, la natation et la marche rapide sont des exemples d'activités qui peuvent aider à améliorer l'endurance cardiovasculaire.

• L'entraînement de force : la force musculaire est importante pour des tâches telles que soulever des objets lourds, escalader des obstacles et se défendre contre des attaquants. Les exercices tels que les squats, les soulevés de terre, les tractions et les pompes sont des exemples d'exercices qui peuvent aider à améliorer la force musculaire.

• La flexibilité et l'équilibre : la flexibilité et l'équilibre sont importants pour prévenir les blessures et pour pouvoir effectuer des tâches qui nécessitent une grande amplitude de mouvement. Les étirements et les exercices de yoga peuvent aider à améliorer la flexibilité et l'équilibre.

• L'entraînement à la survie : l'entraînement à la survie peut inclure des compétences telles que la navigation, le feu de camp, la recherche de nourriture et d'eau, et la construction d'abris. Ces compétences peuvent être apprises à travers des cours spécialisés ou en pratiquant régulièrement dans des environnements naturels.

Vous voulez vous assurer que vous êtes prêt à faire face à toute situation d'urgence ? Fixez-vous un programme d'exercices réguliers, en vous engageant à faire au moins trois séances par semaine. Cela vous aidera non seulement à vous mettre en forme, mais aussi à réduire votre niveau de stress et d'anxiété, ce qui vous permettra de rester plus facilement calme et concentré en cas de crise. Gardez à l'esprit que la préparation physique n'est pas un but en soi, mais plutôt un moyen d'atteindre un objectif plus large, à savoir la survie en cas d'urgence. En donnant la priorité à l'exercice physique régulier, vous vous rendrez service tant sur le plan physique que mental.

Préparation mentale

Lorsque nous sommes confrontés à des situations de stress élevé, notre état d'esprit peut avoir un impact significatif sur notre capacité à faire face et à prendre des décisions éclairées. Dans cette section, nous allons explorer les différentes facettes de la préparation mentale et comment vous pouvez vous préparer à gérer les défis psychologiques qui peuvent survenir dans des situations de survie.

- La gestion du stress

Dans le monde de la survie, la gestion du stress est une compétence essentielle à maîtriser. Face à des situations difficiles, il est essentiel de rester calme et concentré. Pour ce faire, vous devez apprendre à gérer efficacement votre stress. Il existe de nombreuses stratégies pour gérer le stress, notamment la méditation, la respiration profonde, l'exercice physique et la relaxation musculaire progressive. En reconnaissant les signes du stress, tels que la tension musculaire, la fatigue, les difficultés de concentration et l'irritabilité, vous pouvez prendre des mesures pour les réduire. En résumé, la gestion du stress est un outil indispensable pour tout survivaliste, car elle permet de garder les pieds sur terre et de rester concentré.

Il existe plusieurs techniques pour gérer le stress. Tout d'abord, la respiration profonde et lente peut aider à diminuer les niveaux de stress en apportant plus d'oxygène au cerveau et en réduisant le rythme cardiaque. Prenez le temps de respirer profondément pendant plusieurs minutes, en se concentrant sur l'inspiration et l'expiration.

La relaxation musculaire progressive est une autre technique efficace pour gérer le stress. Cette technique consiste à se concentrer sur chaque groupe musculaire de manière progressive, en les contractant et en les relâchant tour à tour. Cela aide à réduire les tensions musculaires et à favoriser la détente.

La méditation peut également vous aider à gérer votre stress. Elle permet de se concentrer sur le moment présent et de réduire les pensées négatives ou les inquiétudes qui peuvent être à l'origine du stress. Il existe de nombreuses techniques de méditation, allant de la simple observation de la respiration à la visualisation d'images positives.

Comme mentionné précédemment dans la partie sur l'activité physique, La pratique régulière de cette dernière vous aidera énormément à réduire vos niveaux de stress, et ça en libérant des endorphines dans le cerveau lors de l'effort physique. Les activités physiques comme le yoga, la marche, la course à pied ou la musculation sont particulièrement efficaces pour réduire le stress.

La procrastination et la surcharge de travail affectent votre mentale plus que vous ne le pensez. Une bonne organisation et planification de vos tâches quotidiennes ou hebdomadaire peut arranger ça, alors dès que vous le pouvez, faites vos taches nécessaires et surtout ne les laissez pas trainer.

En résumé de cette partie, la gestion du stress est une compétence essentielle pour la préparation mentale en cas de situation de survie. Les techniques de respiration, de relaxation musculaire, de méditation, l'activité physique, l'organisation et la planification des activités ainsi qu'une bonne hygiène de vie sont autant de pratiques qui peuvent aider à réduire le stress et à favoriser la résilience mentale.

- La résilience

La résilience est la clé de la survie dans les moments difficiles et de la résistance à l'adversité. En tant que survivaliste, il est essentiel de cultiver la résilience afin de surmonter les défis et les obstacles qui peuvent survenir dans les situations de survie. Il existe plusieurs façons d'améliorer sa résilience, notamment en adoptant une attitude positive, en établissant des relations solides avec les autres et en cherchant à tirer des enseignements de chaque situation difficile. En outre, prendre soin de son bien-être mental et émotionnel en donnant la priorité à un sommeil suffisant, à une alimentation saine et à une activité physique régulière peut grandement contribuer à sa résilience globale. Voici quelques techniques efficaces pour développer et renforcer votre résilience:

🞂 Cultiver un état d'esprit positif : Le fait d'adopter une attitude positive face à la vie peut aider à développer la résilience. Cela peut inclure la recherche de raisons de gratitude, la pratique de l'optimisme et de l'espoir, et la focalisation sur les aspects positifs d'une situation.

🞂 Apprendre à gérer le stress : Le stress est un facteur inévitable de la vie, mais il peut être géré de manière efficace. Comme dit précédemment, Les techniques de gestion du stress peuvent inclure la relaxation musculaire progressive, la méditation, la respiration profonde et la visualisation positive.

🞂 Établir des relations sociales saines : Les relations sociales peuvent fournir un soutien émotionnel et pratique en cas de crise. Il faut veiller à cultiver des relations positives et saines avec les membres de sa famille, ses amis et sa communauté.

⬦	Se fixer des objectifs réalisables : Le fait de se fixer des objectifs réalisables et de travailler à les atteindre. Cela peut inclure des objectifs professionnels, financiers, personnels ou de santé.

⬦	Développer la flexibilité : La capacité à s'adapter et à changer de direction en cas de besoin est un élément clé. La flexibilité mentale peut aider à développer cette capacité.

- 	La gestion des émotions

La gestion des émotions est un aspect important de la préparation mentale. Dans des situations de survie, il est facile de se laisser submerger par des émotions telles que la peur, l'anxiété et la colère. Pour gérer efficacement ces émotions, il est important de développer des compétences en matière d'intelligence émotionnelle, telles que la capacité à reconnaître et à réguler vos propres émotions, ainsi que la capacité à comprendre et à répondre aux émotions des autres. Aussi, prenez le temps de comprendre vos propres déclencheurs émotionnels, afin que vous puissiez les éviter ou les gérer efficacement lorsqu'ils se produisent.

Tout d'abord pour gérer les émotions est la prise de conscience. Reconnaître nos émotions et comprendre comment elles peuvent affecter notre comportement. Par exemple, la peur peut nous amener à agir impulsivement ou à prendre des décisions qui ne sont pas rationnelles.

La deuxième étape consiste à réguler nos émotions. Il existe plusieurs techniques qui peuvent aider à réguler les émotions .Ces techniques peuvent aider à réduire le stress et l'anxiété, ce qui peut à son tour améliorer notre capacité à prendre des décisions rationnelles.

Développez une attitude positive face aux situations difficiles, et votre mental sera fait d'acier. La résilience mentale peut aider à faire face aux épreuves et aux défis en adoptant une attitude positive et en trouvant des solutions créatives.

Dans une situation de survie, il est impératif de développer des compétences de communication solides pour gérer les émotions au sein d'un groupe. Les tensions et les conflits peuvent survenir rapidement, et apprendre à communiquer efficacement et à résoudre les problèmes peut aider à maintenir l'unité du groupe et à surmonter les difficultés ensemble. En maîtrisant les stratégies de communication, les membres d'un groupe peuvent collaborer à la réalisation d'un objectif commun, même dans les situations les plus stressantes. Ne sous-estimez pas l'importance d'une base de communication solide lorsqu'il s'agit de survivre en tant qu'équipe.

- La prise de décision

Pour survivre dans des conditions extrêmes, il faut avoir l'esprit clair et vif, capable de prendre des décisions rapides et rationnelles. Cependant, sous la pression et dans l'incertitude, même les personnes les plus équilibrées peuvent avoir du mal à prendre des décisions efficaces. Pour améliorer votre capacité à évaluer les situations et à choisir le meilleur plan d'action, il est essentiel de développer des compétences en matière de résolution de problèmes, telles que l'analyse critique et l'évaluation des options. En outre, le fait de cultiver votre intuition peut vous aider à prendre des décisions rapides et précises lorsque le temps presse. En étant proactif et en vous préparant mentalement, vous pouvez améliorer votre capacité à prendre des décisions éclairées et à vous adapter aux environnements difficiles de la survie. Ainsi, que vous soyez confronté à des conditions météorologiques défavorables ou que vous naviguiez sur un terrain difficile, votre capacité à prendre des décisions éclairées peut faire toute la différence.

Pour prendre des décisions efficaces est de rassembler toutes les informations pertinentes. Cela peut inclure des informations sur la situation actuelle, les ressources disponibles, les risques potentiels et les résultats possibles des différentes options.

Ensuite, vous devez évaluer les options et les comparer les unes aux autres. Cela peut être fait en utilisant une méthode de pondération pour attribuer des points à chaque option en fonction de son importance par rapport à d'autres facteurs clés.

Une fois que toutes les options ont été évaluées, il est temps de prendre une décision. Gardez à l'esprit que toutes les décisions ont des conséquences et que certaines options peuvent avoir des résultats plus bénéfiques que d'autres. Il est important de prendre en compte les risques et les avantages de chaque option avant de prendre une décision.

Enfin, une fois que la décision a été prise, mettez là en œuvre rapidement et efficacement. Cela va impliquer de mobiliser des ressources, de communiquer clairement la décision à d'autres membres de l'équipe et de surveiller l'évolution de la situation pour s'assurer que la décision prise reste la plus efficace.

Rassurez-vous, la prise de décision est une compétence qui peut être améliorée avec la pratique. En s'entraînant à prendre des décisions rapidement et avec précision, vous pouvez vous préparer mentalement pour les situations de crise et être mieux lotis pour faire face à des événements imprévus.

- La communication

La communication est un élément clé de la préparation mentale. Dans une situation de crise ou de survivalisme, une communication efficace peut faire toute la différence dans une situation critique. Laissons nous comprendre les différents aspects de la communication et de savoir comment les utiliser de manière efficace.

Tout d'abord, il faut comprendre la différence entre la communication verbale et non verbale. La communication verbale concerne les mots que nous utilisons pour communiquer, tandis que la communication non verbale concerne les signes que nous émettons, tels que les expressions faciales, la posture du corps et les gestes. Les deux formes de communication sont omniprésentes au quotidien et ont un impact significatif sur la façon dont les autres perçoivent nos messages.

Une communication efficace passe par l'utilisation d'un langage clair et précis, surtout lorsqu'il s'agit d'une communication verbale. La clé est de garder vos messages simples et directs, afin qu'ils puissent être facilement compris par les personnes qui les reçoivent. Évitez d'utiliser des termes techniques ou compliqués, car ils peuvent créer de la confusion et rendre le message difficile à comprendre. L'écoute active des autres joue un rôle crucial dans une communication efficace. Posez toujours des questions pour clarifier les choses et prenez le temps de répéter les messages importants pour éviter tout malentendu. Ce faisant, vous pouvez vous assurer que vos messages sont bien reçus et compris par votre public. Par conséquent, gardez toujours un langage simple, écoutez attentivement et clarifiez votre message pour une communication efficace

En ce qui concerne la communication non verbale, vous devez vous concentrer sur la posture et les gestes. Les expressions faciales doivent être cohérentes avec le message verbal que vous essayez de transmettre. Par exemple, si vous êtes en train de dire quelque chose de sérieux, on met en place une expression faciale sérieuse pour renforcer le message. De même, la posture doit être confiante et ouverte pour montrer que vous êtes prêt à communiquer et que vous êtes à l'aise avec la situation.

Un autre aspect important de la communication est la gestion des conflits. Dans une situation de crise ou de survie, les conflits peuvent rapidement s'aggraver et mettre en danger la sécurité de tous. Dans le monde d'aujourd'hui, les conflits sont inévitables. Savoir le gérer efficacement peut faire toute la différence dans vos relations personnelles et professionnelles. Les techniques de résolution des conflits, telles que la communication non violente, peuvent vous aider à trouver un terrain d'entente et à promouvoir la compréhension mutuelle. En maîtrisant ces compétences, vous éviterez les tensions et les disputes inutiles et pourrez au contraire établir des liens plus forts et plus positifs avec les personnes qui vous entourent.

La communication est un aspect complexe qui ne se limite pas aux échanges avec autrui. La communication interpersonnelle, c'est-à-dire la communication avec soi-même, joue un rôle tout aussi important, voire plus, que la communication interpersonnelle, aussi comprendre ses propres pensées, émotions et motivations pour mieux les exprimer de manière efficace. La communication interpersonnelle peut aider à clarifier les objectifs personnels, à identifier les obstacles et les défis, et à maintenir une attitude positive et résiliente dans des situations difficiles. En développant la communication interpersonnelle, vous serez mieux préparé à communiquer de manière efficace avec les autres et à prendre des décisions éclairées.

La communication est un élément clé de la préparation mentale en cas de crise ou de survivalisme. Aussi comprendre les différents aspects de la communication et de savoir comment les utiliser efficacement. En utilisant des techniques de communication verbale et non verbale, en gérant les conflits de manière efficace et en comprenant l'importance de la communication interne, vous pouvez améliorer votre capacité à communiquer avec les autres et à naviguer efficacement dans des situations stressantes et incertaines.

Apprendre les compétences de survie

Que ce soit pour des raisons de sécurité personnelle ou de préparation en cas de catastrophe, apprendre les compétences de survie est une pratique clé pour ceux qui cherchent à être autonomes et indépendants dans des situations extrêmes. Les compétences de survie comprennent un large éventail de connaissances pratiques, telles que la construction d'abris, la recherche et la préparation de nourriture, la purification de l'eau, la navigation, la communication, la sécurité personnelle, et bien plus encore.

L'apprentissage de ces compétences peut aider à améliorer la confiance en soi, à développer la résilience mentale et physique, et à augmenter les chances de survie en cas de situation d'urgence. Bien que certaines personnes apprennent ces compétences par intérêt ou pour le plaisir, pour beaucoup d'autres, cela peut être une question de vie ou de mort.

Il existe plusieurs moyens pour apprendre les compétences de survie, allant des cours en ligne et des livres à la participation à des camps de formation en plein air.

Cependant, notez bien que la pratique est la clé de la maîtrise de ces compétences. Les camps de formation en plein air peuvent être un excellent moyen d'apprendre et de pratiquer les compétences de survie dans un environnement contrôlé et sécurisé. Les instructeurs qualifiés peuvent enseigner aux participants les compétences nécessaires pour survivre dans la nature, comme la construction de feux, la construction d'abris et la recherche de nourriture.

La maîtrise des techniques de survie est essentielle non seulement pour assurer votre sécurité dans les situations d'urgence, mais aussi pour renforcer votre confiance en vous et vos compétences. Vous pouvez renforcer votre confiance en pratiquant ces compétences dans des scénarios réels. Les activités de plein air telles que la randonnée et le camping constituent une excellente plate-forme pour mettre à l'épreuve vos nouvelles connaissances et affiner vos capacités. Profitez de ces occasions pour pratiquer et perfectionner vos compétences en matière de survie, et voyez la différence que cela fait sur votre confiance et votre préparation.

Les compétences de survie peuvent aussi être utiles dans des situations moins extrêmes, telles que des pannes de courant ou des tempêtes, où les compétences telles que la gestion des aliments et de l'eau, la communication et la sécurité personnelle peuvent être nécessaires.

Ici, je vous présente certaines des compétences nécessaires pour survivre en milieu hostile.

Certaines compétences sont pratiques, telles que la capacité de trouver de la nourriture et de l'eau, de construire un abri et de démarrer un feu, tandis que d'autres sont plus intellectuelles, telles que la capacité de penser de manière critique et de résoudre les problèmes.

La première compétence est la capacité à trouver de la nourriture et de l'eau. Cela peut inclure la connaissance des plantes comestibles sauvages, la pêche, la chasse et la collecte de l'eau. Par ailleurs, il faut savoir comment stocker et conserver les aliments pour les périodes de pénurie.

La construction d'un abri est une autre des nombreuses compétences importantes à la survie. Savoir comment construire un abri temporaire à partir de matériaux naturels tels que des branches, des feuilles et des mousses peut être crucial pour se protéger des éléments et des animaux sauvages.

La capacité de démarrer un feu. Les compétences pour allumer un feu peuvent inclure la collecte de bois sec et la création d'une source d'étincelles, telle que des pierres à feu ou des allumettes étanches.

La connaissance des premiers soins va littéralement vous sauver la vie si elle est bien appliquée. Cela peut inclure des compétences telles que la gestion des blessures, la prévention des infections et la réanimation cardio-pulmonaire (RCP).

La sécurité personnelle est une autre compétence importante. Cela peut inclure la capacité à se protéger contre les prédateurs naturels et les personnes hostiles, ainsi que la connaissance des armes à feu et d'autres moyens de défense.

La capacité à naviguer et à se déplacer à la carte ou à la boussole, vous aidera à naviguer en terrain inconnu. Et donc, plus de chances de trouver des ressources indispensables à votre survie.

La capacité à penser de manière critique et à résoudre les problèmes est essentielle. Cela peut inclure la capacité à évaluer rapidement une situation d'urgence et à prendre des décisions éclairées pour résoudre le problème.

Les compétences de survie nécessaires lors d'un effondrement ou d'une situation d'urgence peuvent être vastes et variées, et sans aucun doute j'ai dû en oublier quelques-unes, mais sachez qu'elles sont toutes importantes pour assurer la survie dans des conditions difficiles.

En plus des compétences de base pour la survie, apprenez aussi à être autonome en fabriquant vos propres outils et équipements. La capacité de fabriquer ses propres outils à partir des matériaux disponibles peut être cruciale en cas de pénurie de fournitures. Apprendre les compétences de forgeage, de menuiserie, de couture et de fabrication de cordes peut aider à combler les lacunes dans les équipements manquants.

Apprendre les compétences de survie est crucial pour faire face aux situations de crise et pour être prêt en cas de collaps. En plus de la préparation matérielle, une formation aux techniques de survie et une pratique régulière peuvent contribuer à renforcer la confiance et la résilience nécessaires pour affronter l'inconnu et sortir indemne d'une catastrophe. En perfectionnant vos compétences de survie, vous serez mieux équipé pour faire face à l'inattendu et surmonter les situations difficiles avec facilité. N'attendez pas qu'il soit trop tard - commencez à vous préparer dès maintenant et donnez-vous les meilleures chances de survie dans n'importe quelle situation.

Lors d'une apocalypse, la sécurité personnelle est une préoccupation majeure. Les dangers potentiels sont nombreux, que ce soit des individus hostiles, des animaux sauvages ou encore des conditions environnementales difficiles. Pour survivre dans un monde post-apocalyptique.

La compétence essentielle pour se protéger est la connaissance des armes et de leur utilisation. Que ce soit un pistolet, une carabine ou un couteau, on doit savoir comment manier ces outils et de s'entraîner régulièrement pour être prêt à les utiliser en cas de besoin. Les compétences nécessaires pour utiliser efficacement une arme incluent la sécurité de l'arme, l'entretien et le nettoyage, le chargement et le déchargement, la précision de tir et la réactivité.

En plus de la connaissance des armes, avoir des compétences en matière de combat à mains nues peut s'avérer très utile dans certains scénarios. Les techniques de self-défense et de combat peuvent être utiles pour repousser les agresseurs ou pour se défendre contre des animaux sauvages. Des compétences en matière de combat peuvent également aider à s'adapter à des situations d'urgence et à prendre des décisions rapides.

En situation de danger, la discrétion peut être la clé de la réussite, telle que maîtriser les compétences en matière de déplacement furtif, telles que le camouflage, l'observation et la marche silencieuse. Ces compétences peuvent aider à se déplacer efficacement sans être repéré, à éviter les pièges et les dangers potentiels, ainsi qu'à préserver la sécurité de soi et de son groupe.

Les compétences nécessaires pour se protéger lors d'une apocalypse sont nombreuses et variées. La connaissance des armes et du combat, la capacité à se cacher et à se déplacer furtivement, les compétences en matière de premiers secours et de construction peuvent toutes aider à assurer la sécurité personnelle dans un monde post-apocalyptique. En travaillant constamment sur ces compétences, vous serez mieux équipé pour faire face à des situations d'urgence et augmenter vos chances de survie.

Parlons d'un autre volet pas assez évoqué dans le domaine et qui a pourtant une place importante dans la longévité de votre survie et le confort de cette dernière : La fabrication et l'artisanat. En effet, dans un monde où les ressources sont rares et où l'on doit se débrouiller seul, savoir fabriquer des objets et des outils peut être salutaire.

Les compétences de base

Les compétences de base de la fabrication et de l'artisanat incluent la capacité à travailler le bois, le métal, la pierre et les textiles. La plupart de ces compétences nécessitent une combinaison de connaissances pratiques et de techniques spécifiques. Voici quelques exemples de compétences de base :

• Travail du bois :

Cela implique de connaître les différentes espèces de bois et leurs propriétés, de savoir comment les couper, les sculpter et les assembler en utilisant des outils de menuiserie tels que des scies, des ciseaux à bois et des rabots.

Le bois doit être sec, droit et résistant aux insectes et à la pourriture. Les types de bois populaires pour le travail du bois comprennent le chêne, le frêne, le bouleau et le hêtre.

La première étape pour travailler le bois est de le couper. Une scie à main ou une hache peut être utilisée pour couper des branches ou des troncs d'arbres. Il faut couper le bois en toute sécurité et de choisir la bonne technique en fonction de la taille et de l'épaisseur du bois. La hache est particulièrement utile pour couper les petits arbres et les branches, tandis que la scie est préférable pour les troncs d'arbres plus gros.

Une fois le bois coupé, il doit être taillé pour créer la forme désirée. Des outils tels que le couteau, le ciseau à bois et la hache sont utilisés pour tailler le bois. Il est impératif de tenir les outils correctement pour éviter les blessures et d'utiliser une technique appropriée pour obtenir la forme souhaitée. Vous devez également savoir comment aiguiser les outils pour un travail efficace et sûr.

Après avoir taillé le bois, il peut être utilisé pour fabriquer des objets tels que des bols, des cuillères, des fourchettes, des bâtons de marche et des jouets. Pour cela, Il est primordial de savoir comment travailler le bois avec des outils tels que le tour à bois, la perceuse à main et le rabot. Ces outils permettent de créer des formes complexes et de lisser le bois pour obtenir une finition lisse.

En plus de savoir comment travailler le bois, vous devez être capable de reconnaître les propriétés des différents types de bois. Certaines essences de bois sont plus résistantes à l'eau, à la pourriture ou aux insectes que d'autres, et peuvent donc être mieux adaptées à certaines utilisations. Par exemple, le cèdre rouge est un bois résistant à la pourriture et est donc souvent utilisé pour les toits de chalets ou pour la fabrication de bateaux.

Le travail du bois est une compétence essentielle pour la survie en milieu naturel. Vous devez savoir comment couper, tailler et travailler le bois pour créer des outils, des armes, des abris et d'autres objets utiles. Connaître les propriétés des différents types de bois et de savoir comment les entretenir pour les maintenir en bon état est aussi recommandé.

- Travail du métal :

Pour ceux d'entre vous qui l'ignorent, Le travail des métaux est l'un des métiers les plus anciens et les plus importants de l'histoire de l'humanité. Depuis l'âge du bronze jusqu'à nos jours, les métaux ont été utilisés pour fabriquer des outils, des armes, des bijoux, des machines et des structures architecturales. Le travail des métaux est une compétence essentielle pour la fabrication, la réparation et l'entretien des équipements et des structures en métal, ce qui en fait une compétence de survie importante en cas d'effondrement de la société.

Cela implique de connaître les différentes propriétés des métaux, de savoir comment les façonner en utilisant des techniques de forgeage et de soudage, et de savoir comment utiliser des outils de métallurgie tels que des enclumes, des marteaux et des pinces. Le travail des métaux comprend plusieurs compétences, telles que la forge, la soudure, le moulage et le polissage.

La forge est la compétence la plus fondamentale dans le travail des métaux. Elle consiste à chauffer le métal à une température élevée jusqu'à ce qu'il devienne malléable et puisse être façonné. Les forgerons utilisent généralement un feu de charbon ou de bois pour chauffer le métal, et un marteau et une enclume pour le façonner. La forge peut être utilisée pour fabriquer des couteaux, des haches, des pointes de flèches, des lames de faux et d'autres outils tranchants.

La soudure est une autre compétence importante dans le travail des métaux. Elle consiste à joindre deux ou plusieurs pièces de métal en les chauffant à haute température jusqu'à ce qu'elles fondent et se lient ensemble. Il existe plusieurs techniques de soudure, telles que la soudure à l'arc, la soudure au gaz et la soudure par points. La soudure peut être utilisée pour réparer des outils et des équipements, ainsi que pour fabriquer des cadres de vélos, des chariots et d'autres objets.

Le moulage est une compétence plus avancée dans le travail des métaux. Elle consiste à couler le métal en fusion dans un moule pour créer des formes complexes. Le moulage peut être utilisé pour fabriquer des pièces de machines, des pièces d'armure et d'autres objets en métal moulé.

Comme finition, il y'a le polissage. Elle consiste à lisser et à polir la surface du métal pour lui donner un aspect lisse et brillant. Les polisseurs utilisent généralement des abrasifs tels que du papier de verre ou de la laine d'acier pour enlever les imperfections de la surface du métal.

Pour apprendre le travail des métaux, il est recommandé de suivre des cours auprès d'un professionnel ou de pratiquer soi-même à l'aide de livres et de tutoriels en ligne. Il est obligatoire d'avoir un équipement de base, comme un marteau, une enclume, des pinces, des lunettes de sécurité et une forge ou un chalumeau. Le travail des métaux nécessite une grande patience et de la pratique pour devenir compétent, mais c'est une compétence précieuse pour la survie à long terme.

- Travail de la pierre :

Le travail de la pierre est une pratique artisanale ancienne qui remonte à l'aube de l'humanité. Depuis des milliers d'années, l'homme a utilisé des pierres pour créer des outils, des armes, des bâtiments et des œuvres d'art. Aujourd'hui, le travail de la pierre est toujours une compétence précieuse pour ceux qui cherchent à construire des structures durables, et peut s'avérer être un avantage considérable lors d'une apocalypse.

Cette pratique implique de connaître les différentes propriétés des pierres et des minéraux, de savoir comment les tailler et les façonner en utilisant des outils de tailleurs de pierre tels que des burins et des marteaux.

Le travail de la pierre est une compétence importante pour la survie en milieu naturel et peut être utilisé pour diverses tâches telles que la construction d'abris, la fabrication d'outils, la chasse et la préparation de la nourriture.

La première étape pour travailler la pierre consiste à trouver une pierre appropriée. Les pierres les plus appropriées sont celles qui ont des propriétés dures et denses telles que le silex, le quartz et le basalte. Une fois que la pierre a été trouvée, elle doit être façonnée pour en faire un outil utilisable.

Le façonnage de la pierre peut se faire de plusieurs manières. L'une des techniques les plus courantes consiste à frapper la pierre avec un autre objet pour en retirer des éclats et lui donner la forme désirée. Cette technique est appelée la percussion. Il existe plusieurs types de percussion, dont la percussion directe, où la pierre est frappée directement avec un marteau en pierre, et la percussion indirecte, où un objet en bois est utilisé pour frapper la pierre.

Une autre technique pour travailler la pierre est le polissage, qui consiste à frotter la pierre avec un autre matériau abrasif pour lui donner une surface lisse et brillante. Cette technique est souvent utilisée pour fabriquer des outils en pierre tels que des haches et des couteaux.

Une fois que la pierre a été façonnée, elle peut être utilisée pour différentes tâches. Les outils en pierre peuvent être utilisés pour couper du bois, chasser et préparer la nourriture, et construire des abris. Les pointes de flèches et les lames de couteaux en pierre ont également été utilisées comme armes pour la chasse et la guerre.

Donc ce qu'il faut retenir, le travail de la pierre est une compétence importante pour la survie en milieu naturel. Il implique de trouver une pierre appropriée, de la façonner en utilisant des techniques de percussion et de polissage, et de l'utiliser pour différentes tâches telles que la construction d'abris, la fabrication d'outils, la chasse et la préparation de la nourriture.

- Travail des textiles :

Le travail du textile fait référence aux compétences nécessaires pour travailler les fibres naturelles et synthétiques pour créer des vêtements, des couvertures, des sacs et d'autres articles textiles. Dans une situation de survie, savoir travailler le textile peut être crucial pour créer des vêtements de protection, des abris et des sacs pour transporter des fournitures. Je vous présente ici quelques étapes importantes :

▪ Sélection et préparation des matériaux : La première étape pour travailler le textile est de sélectionner les matériaux appropriés, tels que le coton, la laine, le lin ou le cuir. Ensuite, il faut préparer les matériaux en les lavant, les teignant ou les adoucissant pour les rendre plus facile à travailler.

▪ Filage : Le filage est le processus de transformation de la fibre brute en fil utilisable. Le fil peut être fabriqué à la main ou à l'aide d'une roue à filer. Les fibres sont tirées de la masse et enroulées sur une bobine pour créer un fil qui peut être utilisé pour tisser ou coudre.

▪ Tissage : Le tissage est l'art de créer un tissu à partir de fils entrelacés. Pour tisser, il faut un métier à tisser et une technique de tissage appropriée pour créer un tissu à partir du fil. Les tissus peuvent être utilisés pour créer des vêtements, des couvertures, des sacs et bien plus encore.

▪ Couture : La couture est l'art de joindre des pièces de tissu pour créer des vêtements, des sacs ou des couvertures. Cela nécessite une aiguille et du fil. Les compétences de couture comprennent la prise de mesures, le placement de motifs, le choix de la bonne aiguille et du bon fil et la couture de manière efficace.

▪ Tannage : Le tannage est le processus de traitement des peaux d'animaux pour créer du cuir. Cela implique de nettoyer, tanner et sécher la peau, puis de la teindre et de la travailler pour la rendre plus souple. Le cuir peut être utilisé pour créer des vêtements, des chaussures, des sacs et des accessoires de protection.

□	Tricot et crochet : Le tricot et le crochet sont des techniques de fabrication de tissu à partir de fils entrelacés à l'aide d'aiguilles ou d'un crochet. Ces techniques sont utiles pour créer des vêtements, des chapeaux, des mitaines, des chaussettes et d'autres articles de base pour la survie.

□	Réparation et entretien : Savoir réparer et entretenir les articles textiles est également important. Cela comprend la réparation des trous, la reprise des coutures défaites, le changement des fermetures éclair et la conservation des articles en bon état.

Ces quelques techniques pourront vous aider à commencer le travail de textile, il ne vous reste plus qu'à pratiquer.

•	Les outils de base

Pour travailler efficacement les matériaux, il faut disposer des outils de base appropriés. Les outils peuvent varier en fonction du matériau utilisé et de la technique de fabrication, mais voici quelques exemples d'outils de base pour chaque type de compétence :

Les matériaux de base

Les matériaux de base pour la fabrication et l'artisanat peuvent également varier en fonction de la compétence. Voici quelques exemples de matériaux de base pour chaque type de compétence :

•	Travail du bois : bois de différentes essences, hache, colle, clous.

•	Travail du métal : fer, acier, aluminium, cuivre.

•	Travail de la pierre : différentes pierres et minéraux.

•	Travail des textiles : différentes fibres telles que le coton, la laine et le lin.

Techniques de récupération et de recyclage

Lors d'une situation de survie, la capacité à récupérer et à recycler des matériaux peut être essentielle. La fabrication d'objets et d'outils à partir de matériaux récupérés peut prolonger la durée de vie des ressources limitées, économiser de l'énergie et des efforts et offrir une alternative durable à l'utilisation de matériaux neufs. Plusieurs techniques de récupération et de recyclage utiles pour la survie existent, telles que :

⏹   Recyclage du métal : le métal est un matériau précieux en situation de survie. Les métaux les plus couramment récupérés sont l'acier, le fer, l'aluminium, le cuivre et le laiton. Les sources de métaux recyclables incluent les vieilles voitures, les appareils électroménagers, les tuyaux et les fils électriques. Les techniques de récupération du métal incluent la coupe, la démolition, la fusion et la fonte.

⏹   Réutilisation des matériaux en bois : le bois est un autre matériau utile pour la survie. Les sources de bois récupérable incluent les palettes, les caisses, les meubles cassés et les débris de construction. Les techniques de récupération du bois incluent le démontage, le ponçage, la découpe et la sculpture.

⏹   Recyclage des tissus : les tissus peuvent être récupérés à partir de vieux vêtements, de draps, de rideaux et de serviettes. Les techniques de récupération de tissus incluent la coupe, la couture et le tissage. Les tissus peuvent être utilisés pour fabriquer des vêtements, des sacs, des couvertures et des paniers.

⏹   Recyclage du plastique : le plastique est un matériau courant mais non biodégradable, qui peut prendre des centaines d'années à se décomposer. Le recyclage du plastique peut réduire la quantité de déchets qui finissent dans les décharges et l'océan. Les sources de plastique récupérable incluent les bouteilles, les sacs, les jouets et les emballages alimentaires. Les techniques de recyclage du plastique incluent la fusion et la moulure.

▢   Récupération des métaux précieux : les métaux précieux tels que l'or, l'argent et le platine sont utiles pour fabriquer des bijoux, des outils électroniques et des composants industriels. Les sources de métaux précieux récupérables incluent les bijoux cassés, les composants électroniques et les catalyseurs automobiles. Les techniques de récupération des métaux précieux incluent la combustion, la fusion et la purification.

Pour assurer votre survie à long terme, il est essentiel de devenir compétent dans l'art de la récupération et du recyclage des matériaux. Cette capacité vous permettra de créer et de réparer plus facilement un large éventail d'objets et d'armes, et vous fournira les outils nécessaires pour prospérer dans n'importe quelle situation. En maîtrisant ces techniques, vous serez mieux équipé pour vous adapter à des circonstances changeantes et surmonter des défis qui auraient pu être insurmontables. Commencez dès aujourd'hui à perfectionner vos compétences en matière de récupération et de recyclage pour vous assurer un avenir meilleur.

Compétences pour la survie à long terme

La survie à long terme nécessite des compétences et des connaissances spécifiques pour maintenir une qualité de vie durable. Ces compétences couvrent un large éventail de domaines, allant de la culture des aliments et des plantes, à la collecte d'eau, en passant par la construction de maisons et la production d'énergie.

L'agriculture est l'une des compétences les plus importantes pour ça. Les personnes capables de cultiver des légumes, des fruits et des céréales peuvent produire leur propre nourriture. Cela nécessite la connaissance de la sélection des graines, de la gestion du sol, de l'irrigation, de la protection des cultures contre les ravageurs et les maladies, ainsi que de la conservation des récoltes. Les compétences agricoles peuvent être complétées par l'élevage d'animaux pour la viande, les œufs, le lait et la laine.

Et donc, la culture des aliments est aussi essentielle que l'agriculture pour assurer une source de nourriture à long terme. Cela comprend la sélection de plantes résistantes aux maladies et capables de survivre dans différentes conditions climatiques, ainsi que la pratique de techniques agricoles durables telles que la rotation des cultures et le compostage.

Ensuite, la collecte et la purification de l'eau les prochaines compétences clés. Ainsi, maîtriser les compétences de collecte, de purification et de stockage de l'eau s'avère être un réel plus. Cela peut impliquer des techniques de collecte de l'eau de pluie, la construction de puits ou la mise en place de systèmes de filtration pour éliminer les contaminants.

En situation de survie, la construction d'un abri est cruciale pour le confort et la sécurité du groupe. Pour construire une structure capable de résister aux éléments naturels et à d'autres dangers, il faut d'abord connaître les techniques de construction. Des compétences en charpenterie, en maçonnerie et en plomberie sont toutes nécessaires pour créer des maisons fonctionnelles et durables. La capacité à construire des abris adaptés aux conditions environnementales peut faire toute la différence entre le succès et l'échec. Par conséquent, si vous êtes confronté à une situation de survie, assurez-vous d'avoir les compétences et les connaissances nécessaires pour construire un abri sûr et confortable pour vous et votre groupe.

Dans le monde d'aujourd'hui, la production d'énergie n'est pas seulement une nécessité, mais aussi un facteur vital pour assurer la survie à long terme. S'appuyer uniquement sur les combustibles fossiles et les réseaux électriques centralisés peut s'avérer risqué et non durable. Cependant, en acquérant les compétences nécessaires pour produire leur propre énergie, les individus peuvent s'affranchir de cette dépendance et assurer leur avenir. Il existe différentes techniques de production d'énergie, notamment l'énergie solaire, éolienne et hydroélectrique, ainsi que la production de biocarburants et la gestion de la combustion de la biomasse. En maîtrisant ces compétences, les individus peuvent devenir autosuffisants et réduire leur impact sur l'environnement. En outre, la capacité à produire de l'énergie localement peut rendre la communauté plus résiliente et plus stable, en particulier en période de crise ou de catastrophe naturelle.

Dans l'ensemble, les compétences en matière de production d'énergie sont essentielles à la survie à long terme, car elles offrent aux individus l'indépendance et la durabilité nécessaires pour prospérer dans un monde en constante évolution.

En situation de survie, vous devez développer des compétences en communication, négociation et résolution de conflits pour interagir efficacement avec les autres survivants. La création de communautés et de réseaux de soutien est essentielle.

Les personnes capables de diagnostiquer et de traiter les maladies, les blessures et les affections courantes peuvent éviter les complications et maintenir leur santé et celle de leur communauté, donc la médecine n'est pas à négliger. Les compétences nécessaires pour la médecine comprennent la connaissance des plantes médicinales, la chirurgie mineure, la dentisterie, la contraception et la grossesse.

On peut déduire que la survie à long terme en situation d'apocalypse nécessite un large éventail de compétences allant de la préparation physique et mentale, à la sécurité et la défense, à la production alimentaire et la gestion des ressources naturelles, ainsi qu'à la communication et la gestion de conflits. Ces compétences sont différentes de celles nécessaires pour une survie à court terme, car elles impliquent la capacité de vivre de manière autonome pendant une période prolongée, avec des ressources limitées et la nécessité de produire et de stocker des aliments, de l'eau, de l'énergie et d'autres biens de première nécessité.

5-Collapsologie et gouvernance

La collapsologie, en tant que discipline étudiant l'effondrement de notre société, soulève de nombreuses questions quant à la gouvernance de nos sociétés et leur capacité à faire face à cette menace imminente. En effet, si l'effondrement prédit par les collapsologues se réalise, cela aura des conséquences majeures sur la gouvernance de nos États et notre capacité à prendre des décisions éclairées pour garantir la survie de l'humanité.

La gouvernance est un aspect clé de notre société, elle est l'ensemble des processus, des lois et des institutions qui permettent de diriger et de gérer une communauté. Dans le contexte de la collapsologie, la gouvernance devient encore plus importante, car elle est essentielle pour anticiper et gérer les situations de crise, prévenir l'effondrement et construire des sociétés résilientes.

La collapsologie est une discipline qui étudie les effondrements des sociétés humaines et les risques de collaps de notre civilisation industrielle. Elle vise à comprendre les mécanismes qui peuvent mener à l'effondrement de notre mode de vie actuel et à proposer des solutions pour y faire face.

L'une des questions centrales de la collapsologie est celle de la gouvernance. Comment les sociétés humaines peuvent-elles s'organiser pour faire face à des crises majeures ? Comment peuvent-elles éviter la violence, l'anarchie ou la dictature ?

Comment peuvent-elles maintenir une cohésion sociale et une solidarité en période de stress extrême ?

La gouvernance en situation de collaps est un sujet complexe et controversé. Certains collapsologues considèrent que l'effondrement de notre civilisation ne pourra être évité et que la meilleure stratégie est de se préparer individuellement ou en petits groupes autonomes. D'autres pensent qu'il est possible de construire des communautés résilientes capables de faire face aux crises et de maintenir une gouvernance démocratique et équitable.

Dans tous les cas, la gouvernance en situation de collapse implique de repenser les notions de pouvoir et d'autorité. Dans un contexte de chaos et d'incertitude, les structures de pouvoir traditionnelles peuvent perdre leur légitimité et leur efficacité. Il peut alors être nécessaire de mettre en place de nouvelles formes d'organisation, plus horizontales et participatives, basées sur la confiance et la coopération.

La gouvernance en situation de collapse implique également de repenser les modes de prise de décision. Les décisions ne peuvent plus être prises de manière centralisée et hiérarchique, mais doivent être le fruit d'un processus collectif et participatif. Il est donc nécessaire de développer des compétences en matière de communication, de négociation et de médiation pour faciliter la résolution de conflits et la prise de décision collective.

Puis, la gouvernance en situation de collapse implique de développer des compétences en matière de résilience et d'adaptation. Les crises majeures peuvent entraîner des changements radicaux dans l'environnement et dans les conditions de vie. Il est alors nécessaire de développer des capacités d'adaptation rapide aux changements et de résilience face aux stress et aux traumatismes.

La gouvernance en situation de collaps est un sujet complexe qui pose de nombreuses questions et défis. Elle implique de repenser les notions de pouvoir, d'autorité et de prise de décision, ainsi que de développer des compétences en matière de communication, de résilience et d'adaptation.

Nous abordons les différents systèmes de gouvernance et quelles sont leurs stratégies pour la gestion des risques.

Les systèmes de gouvernance et de gestion des risques

Les systèmes de gouvernance et de gestion des risques jouent un rôle très important dans la collapsologie. La gouvernance et la gestion des risques sont des concepts étroitement liés qui se concentrent sur la manière de gérer les risques de manière à minimiser leur impact sur la société. En effet, la disposition de systèmes solides de gouvernance et de gestion des risques pour prévenir et faire face à un effondrement potentiel.

La gouvernance se réfère à la manière dont les décisions sont prises, comment les ressources sont allouées et comment les institutions fonctionnent. Les systèmes de gouvernance peuvent être de différentes natures, allant des gouvernements aux organisations non gouvernementales en passant par les communautés locales. Une gouvernance efficace est celle qui permet une prise de décision éclairée, transparente, participative et qui prend en compte les intérêts de toutes les parties prenantes.

La gestion des risques, quant à elle, se concentre sur la manière de gérer les risques pour éviter ou minimiser leurs impacts sur la société. Les risques peuvent être de différentes natures, tels que les risques naturels, technologiques, politiques, économiques ou sociaux. La gestion des risques comprend plusieurs étapes, telles que l'identification des risques, l'évaluation de leur impact potentiel, la mise en place de mesures préventives et la planification de réponses pour faire face à un événement indésirable.

Dans le contexte de la collapsologie, la gouvernance et la gestion des risques jouent un rôle crucial pour prévenir et faire face à un effondrement potentiel de nos sociétés. Les systèmes de gouvernance doivent être efficaces pour permettre une prise de décision rapide et éclairée, qui prend en compte les intérêts de toutes les parties prenantes et qui permet d'allouer les ressources de manière équitable. La gestion des risques doit permettre d'identifier les risques potentiels et de mettre en place des mesures préventives pour les éviter autant que possible.

Cependant, notez que la gouvernance et la gestion des risques ne sont pas des garanties contre un effondrement potentiel. Les risques peuvent être nombreux et imprévisibles, et les décisions prises par les systèmes de gouvernance peuvent parfois ne pas être suffisantes pour éviter un effondrement. Dans ce cas, la gestion des risques doit permettre de minimiser les impacts de l'effondrement sur la société et de faciliter la reconstruction.

En somme, les systèmes de gouvernance et de gestion des risques servent à prévenir et faire face à un effondrement potentiel de nos sociétés dans le cadre de la collapsologie. Ils doivent permettre une prise de décision éclairée, transparente et participative, qui prend en compte les intérêts de toutes les parties prenantes, ainsi que la mise en place de mesures préventives pour minimiser les impacts des risques potentiels.

En matière de gestion des risques, les gouvernements ont souvent la responsabilité d'identifier, d'évaluer et de gérer les menaces potentielles pour leur population. Cependant, face à la complexité des risques liés à l'environnement, à la santé publique ou à la sécurité, la mise en place de systèmes de gouvernance efficaces peut être difficile. Les gouvernements doivent non seulement s'appuyer sur des données scientifiques fiables pour évaluer les risques, mais également prendre en compte les préoccupations et les besoins de leur population.

Dans le cadre de la collapsologie, les gouvernements peuvent aider les populations à se préparer aux catastrophes potentielles, en élaborant des plans d'urgence et en fournissant des ressources pour la survie en cas de crise. Ils peuvent également encourager la recherche scientifique pour mieux comprendre les risques et développer des technologies et des infrastructures plus résilientes.

Mais dans de nombreux cas, les gouvernements peuvent être confrontés à des obstacles tels que la corruption, les intérêts commerciaux ou les pressions politiques qui peuvent nuire à leur capacité à gérer efficacement les risques. Les citoyens peuvent également perdre confiance dans leurs gouvernements si ces derniers ne parviennent pas à fournir une réponse adéquate en cas de crise.

En réponse à ces défis, certains groupes de la société civile ont commencé à se mobiliser pour promouvoir des formes alternatives de gouvernance et de gestion des risques. Par exemple, les initiatives de préparation communautaire visent à impliquer les résidents locaux dans la planification et la mise en œuvre des mesures de préparation aux catastrophes. Les mouvements pour la justice climatique cherchent également à faire pression sur les gouvernements et les entreprises pour qu'ils prennent des mesures plus ambitieuses pour faire face aux risques environnementaux.

En fin de compte, la collapsologie souligne l'importance de la gouvernance et de la gestion des risques pour la survie humaine à long terme. Alors que nous continuons à faire face à des menaces de plus en plus complexes, on est tous censés travailler ensemble pour trouver des solutions efficaces et durables. Cela nécessite une approche proactive et collaborative, impliquant les gouvernements, les entreprises, la société civile et les citoyens, pour assurer un avenir plus résilient et plus sûr pour tous.

La prise de conscience et l'action collective

La prise de conscience et l'action collective sont deux éléments essentiels pour faire face aux défis du monde actuel, en particulier en ce qui concerne la durabilité et la résilience. La prise de conscience consiste à reconnaître les problèmes existants et à comprendre leur nature et leur ampleur, tandis que l'action collective implique la mobilisation et la collaboration des individus et des communautés pour trouver des solutions efficaces. Dans cette partie, nous allons explorer plus en détail ces deux concepts et leur importance pour la durabilité et la résilience.

La prise de conscience a une influence directe sur la durabilité et la résilience. Elle implique une compréhension claire des problèmes environnementaux, sociaux et économiques auxquels nous sommes confrontés, ainsi que de leurs causes profondes et des conséquences potentielles. Cela peut inclure la compréhension de l'impact des activités humaines sur l'environnement, de la pression démographique, de la pauvreté, de l'injustice sociale, de la perte de biodiversité et de la détérioration de l'état de santé de la planète.

La prise de conscience a pour objectif d'aider les individus et les communautés à comprendre leur rôle dans la résolution de ces problèmes et à prendre des mesures pour y faire face. Cela peut inclure la réduction de leur propre empreinte écologique, la promotion d'une culture de durabilité, la participation à des initiatives communautaires et la pression sur les décideurs politiques pour qu'ils prennent des mesures efficaces.

L'action collective est un élément clé pour la durabilité et la résilience, car elle permet aux individus et aux communautés de travailler ensemble pour trouver des solutions efficaces aux défis auxquels ils sont confrontés. Cela inclut la création de réseaux communautaires, la participation à des projets collectifs et la collaboration avec d'autres parties prenantes pour promouvoir des changements sociaux, politiques et économiques positifs.

Les actions collectives incluent notamment des initiatives telles que la création de jardins communautaires, le partage de compétences et de ressources, la mise en place de programmes éducatifs, la promotion d'une économie locale et circulaire et la mobilisation pour la protection de l'environnement. Ces initiatives permettent aux communautés de travailler ensemble pour construire une résilience collective face aux changements environnementaux, sociaux et économiques.

La prise de conscience et l'action collective sont étroitement liées, car une prise de conscience accrue peut inspirer l'action collective, tandis que l'action collective peut renforcer la prise de conscience et encourager davantage d'individus à se mobiliser. De plus, la collaboration entre les individus et les communautés peut aider à renforcer la résilience collective, en fournissant un soutien mutuel et en partageant les connaissances et les ressources nécessaires pour faire face aux défis de manière efficace.

La prise de conscience et l'action collective permettent de promouvoir la durabilité et la résilience dans le monde actuel. Cela implique une compréhension claire des défis auxquels nous sommes confrontés, ainsi que des actions collectives efficaces pour y faire face.

Les communautés de survie et leur fonctionnement

Les communautés de survie et leur fonctionnement sont une autre approche qui pourrait aider à faire face à un collapsus. Ces communautés sont des groupes de personnes qui se réunissent pour partager des compétences et des ressources afin de survivre ensemble en cas de crise majeure.

L'une des clés du succès des communautés de survie est la diversité des compétences des membres. Les membres peuvent être des agriculteurs, des éleveurs, des artisans, des ingénieurs, des médecins, des enseignants, etc. Chacun apporte ses compétences pour aider la communauté à fonctionner efficacement.

Pour les communautés de survie, la promotion d'une culture de l'apprentissage et du partage des connaissances est cruciale pour leur succès à long terme. Cet objectif peut être atteint par divers moyens, tels que l'organisation d'ateliers et de séances de formation, ou simplement en encourageant les membres à partager leurs compétences entre eux. Il est également important que les membres de la communauté soient ouverts à l'apprentissage de nouvelles compétences pour suivre l'évolution des besoins de la communauté. En cultivant un environnement qui valorise l'apprentissage continu et le partage des connaissances, les communautés peuvent améliorer leur résilience et leur capacité à répondre à un large éventail de situations d'urgence. Ce faisant, elles peuvent mieux assurer la sécurité et le bien-être de leurs membres et accroître leur capacité à prospérer face à l'adversité.

Une autre clé du succès des communautés de survie est l'organisation et la planification. Les membres doivent travailler ensemble pour élaborer des plans de survie en cas de crise et établir des protocoles pour la distribution des ressources, la sécurité et la gestion des conflits.

L'entraînement régulier est également primordial pour maintenir la préparation et la capacité de la communauté à faire face à des situations d'urgence. Les membres doivent s'entraîner à réagir rapidement et efficacement en cas d'incident, de catastrophe naturelle ou d'attaque. Des exercices réguliers peuvent aider à identifier les lacunes dans la planification et à renforcer les compétences individuelles et collectives nécessaires à la survie.

Une communication efficace est la pierre angulaire d'une communauté prospère. Elle favorise une coordination solide, facilite la prise de décisions en connaissance de cause et garantit la capacité de la communauté à surmonter les périodes difficiles. Les membres doivent avoir pour priorité de rester en contact régulier les uns avec les autres, de partager les informations importantes et de cultiver une culture de la confiance et de la solidarité. Ce faisant, nous pouvons nous assurer que notre communauté reste résiliente et unie, même face à l'adversité.

Ses communautés de survie peuvent également inclure des mesures de sécurité pour protéger la communauté contre les menaces externes. Cela peut inclure des mesures de sécurité physique, telles que des clôtures ou des tours de garde, ainsi que des mesures de sécurité numérique pour protéger les communications de la communauté contre les cyberattaques.

En dernier lieu, l'adaptabilité. Les membres doivent être capables de réagir aux situations en constante évolution et d'ajuster leurs plans en conséquence. Ils doivent être flexibles et prêts à relever de nouveaux défis et à faire face à des situations inattendues.

Les communautés de survie peuvent être une solution viable pour faire face à un collapsus. Cependant, elles nécessitent une planification minutieuse, une organisation efficace et une coopération entre les membres pour fonctionner correctement. En plus de ces éléments clés, les communautés de survie ont également besoin d'un approvisionnement en nourriture, en eau et en autres ressources pour subvenir aux besoins de leurs membres à long terme. Cela peut nécessiter la mise en place de systèmes agricoles durables, l'élevage de bétail, la production d'énergie renouvelable et la collecte et la conservation des ressources naturelles.

6-Conclusion

En conclusion, il est indéniable que la collapsologie et le survivalisme sont des sujets d'une grande importance dans notre société actuelle. Bien que certains puissent les considérer comme des mouvements extrêmes ou alarmistes, la réalité est que nous vivons dans un monde incertain et imprévisible, où les catastrophes naturelles, les crises économiques, les conflits sociaux et les pandémies peuvent frapper à tout moment.

Se préparer mentalement et physiquement est absolument crucial lorsqu'il s'agit de faire face à des situations d'urgence. Le survivalisme offre une perspective unique en nous encourageant à devenir plus autonomes, à nous adapter à des circonstances difficiles et à anticiper les risques potentiels. Il nous incite également à réévaluer notre mode de vie actuel, à réduire notre consommation et à adopter un mode de vie plus simple et plus modeste. En adoptant cet état d'esprit, nous sommes mieux armés pour surmonter tous les obstacles qui peuvent se présenter à nous.

En même temps, la collapsologie nous rappelle que les enjeux environnementaux et sociaux auxquels nous sommes confrontés sont profonds et systémiques. Ils ne peuvent être résolus simplement par des changements individuels, mais nécessitent des actions collectives à grande échelle et une réforme de notre système économique et politique actuel.

C'est pourquoi, la survie ne peut être envisagée de manière individuelle, mais nécessite la création de communautés résilientes, capables de travailler ensemble pour faire face aux défis de manière collective et solidaire. Dans ces communautés, chacun peut apporter ses compétences et ses ressources pour contribuer à la survie du groupe dans son ensemble.

Enfin, il est important de souligner que le survivalisme ne doit pas être vu comme une solution définitive aux problèmes de notre monde. Bien que cela puisse nous aider à faire face à des situations d'urgence, cela ne doit pas nous faire perdre de vue l'importance de travailler ensemble pour créer un monde plus juste, durable et résilient.

En fin de compte, la collapsologie et le survivalisme sont des mouvements qui nous rappellent l'importance de vivre en harmonie avec la nature, de prendre soin de notre planète et de construire des communautés fortes et résilientes. Ce n'est qu'en travaillant ensemble que nous pourrons faire face aux défis actuels et futurs de notre monde en évolution rapide.

La vie est remplie d'incertitudes et de risques, et malheureusement, il est impossible de prédire ce que l'avenir nous réserve. Cependant, le fait de se préparer à faire face à des situations difficiles peut aider à réduire l'anxiété et à renforcer notre résilience en cas de besoin. Le collaps, bien qu'il soit un sujet difficile à aborder, nous rappelle l'importance de l'autosuffisance, de la résilience et de la préparation en cas de situations extrêmes.

Dans ce livre, nous avons exploré les principes fondamentaux de la collapsologie et du survivalisme, en mettant l'accent sur l'importance de la planification, de la préparation, de la survie et de la communauté. Nous avons détaillé les risques potentiels qui pourraient entraîner un collaps, les compétences nécessaires pour survivre, et les différents équipements et outils essentiels pour assurer notre survie.

Nous avons également examiné les questions de gouvernance, de leadership et d'action collective, et souligné l'importance de la communication, de la collaboration et de la prise de décision en situation de crise. Nous avons également souligné l'importance des communautés de survie et de la manière dont elles peuvent aider à promouvoir la résilience et la survie à long terme.

Cependant, il faut souligner que le survivalisme ne devrait pas être considéré comme une solution à long terme. Au lieu de cela, il devrait être considéré comme un complément à la vie moderne et une forme de préparation en cas de besoin. Il est également important de se rappeler que la survie est plus qu'une simple question de compétences et d'équipements - elle repose également sur une attitude mentale résiliente et une capacité à s'adapter à des situations difficiles.

Enfin, j'espère que ce livre a aidé à susciter la réflexion et à stimuler la conversation sur la collapsologie et le survivalisme. Bien que ce ne soit pas un sujet facile à aborder, il est important de se rappeler que la préparation et la planification peuvent nous aider à faire face à l'incertitude et à réduire notre vulnérabilité en cas de besoin.

www.ingramcontent.com/pod-product-compliance
Lightning Source LLC
Chambersburg PA
CBHW051839250726
48659CB00005B/1918